教师素养系列

著名语文教育家 于漪 总主编

教师人格魅力的**打造**

程红兵／著

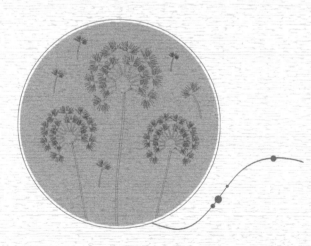

习于智长，优与心成

今天做教师最需要具备的基本素养

JIAOSHI RENGE MEILI DE DAZAO

东北师范大学出版社
NORTHEAST NORMAL UNIVERSITY PRESS
·长 春·

图书在版编目（CIP）数据

教师人格魅力的打造/程红兵著. —长春：东北师范
大学出版社，2020.7
ISBN 978 - 7 - 5681 - 7044 - 4

Ⅰ. ①教…　Ⅱ. ①程…　Ⅲ. ①中学教师—修养
②小学教师—修养　Ⅳ.①G635.16　②G625.1

中国版本图书馆 CIP 数据核字（2020）第 136364 号

□责任编辑：张正吉　□封面设计：方　圆
□责任校对：马　宁　□责任印制：许　冰

东北师范大学出版社出版发行
长春净月经济开发区金宝街 118 号（邮政编码：130117）
电话：0431—84568105
传真：0431—85691969
网址：http：//www.nenup.com
东北师范大学音像出版社制版
辽宁新华印务有限公司印装
沈阳市张士经济技术开发区中央大街六号路 14 甲—3 号
（邮政编码：110021）
2020 年 7 月第 1 版　2020 年 7 月第 2 次印刷
幅面尺寸：169 mm×239 mm　印张：11.25　字数：158 千

定价：65.00 元

序

　　教师从事的是塑造灵魂、塑造生命、塑造人的工作，其艰巨性与复杂性，难以用语言表述完备。

　　青少年是一个个鲜活的生命，他们的生命基因、家庭情况、情智水平、兴趣爱好、行为习惯等等，各不相同，各具个性，教师要进入他们的世界，了解、熟悉、摸清他们的内在需求，绝非一日之功。而且，他们天天在发展，天天在变化，有的平稳向前，有的起起伏伏，有的突然拐弯转向。教师不把心贴在他们身上，就不能洞悉他们的变化，当然也就谈不上因事而教，助推成长。当今，社会上的价值多元、文化多样，信息工具普及，学生生活在这样的时代大潮中，思想、行为、性格、爱好、追求等，无不打上时代的印记。教书育人工作中的新情况、新问题层出不穷，如何应对，如何破解难题，是每位教师都要面对的。因此，每位教师都须攻坚克难，用勤奋与智慧提升教育质量。为此，教师自己的成长，教师队伍的建设就成为教育的重中之重。

　　教师是培育学生成长、成人、成才的人，首先自己应该是一个堂堂正正、光明磊落、有社会担当的人，以自己高尚的人格、高雅的情操熏陶感染学生，引导他们形成完善的人格和健康的审美情趣，以扎实的科学文化学养激发他们旺盛的求知欲，引领他们打下科学文化基础，并有向科学宝库、文化宝库积极探索的强烈兴趣。故而，古今中外对教师几乎都有共同的要求，那就是：德才兼备。教师要做"谦谦君子""人之榜样"，要"腹有诗书气自华"，有厚实的学术文化功底。然而，在当今时代，还得有新的要求。《国家中长期教育改革和发展规划纲要（2010—2020年）》中关于教师队伍建设的要求是：建设一支师德高尚、业务精湛、结构合理、充满活力的高素质专业化的队伍。显然，"结构合理"是教育行政部门须考虑的，而"充满活力"却是教师须探索并加以落实的。这是时代的要求，在从事教育教学工作中须强化创新意识，发挥创新精神，锤炼实践能力，精神饱满，气宇轩昂，满怀自信去创建优质教育。

直面教育现场，教师加强研修、自觉成长自然就成为应有之义。人的成长是一辈子的事，学历水平不等于岗位水平，因为教育不是一个结果，而是生命展开的过程，永远面向未来。在当前社会急速变化的情势下，要想挑起立德育人的刚性责任，创造教育教学的精彩，教师就须自觉地与学生一起成长。

成长有众多因素，与同行交流是其中有效途径之一。现场倾听交流是一种方法，阅读同行的文字表达也是一种方法。东北师范大学出版社组织撰写的《教师素养系列丛书》就是针对教师素养的几个方面从理论与实践结合的高度进行探讨、交流的，以期心灵感应，取得更多共识。

祝愿教师同行通过阅读交流，有所启迪与借鉴，走向优秀、走向卓越的步伐更扎实，更敏捷。

于 漪

目　　录

第1章

现实：为什么要塑造教师人格魅力

说起教师的人格魅力，我首先会想到于漪老师。

我的导师于漪先生

现在说导师，好像比较多见了，说多了这个词就不显得那么庄重了，但我这里用"导师"一词是郑重其事的，因为我以为不如此，不足以表达我对于漪老师的敬重。

我想先谈谈我和于漪老师的交往，记得1991年我在江西省上饶市第一中学任教语文时，曾给于老师写了一封求教信。我写的时候有几分忐忑，信发了之后，想想有些贸贸然，于老师是全国最著名的语文特级教师，还担任着学校校长的职务，教学、管理任务繁重，不夸张地说几乎是日理万机，我怎好贸然打搅人家呢？但既然已经发了信，也只好随它去了，人也就释然了。谁曾想，没多久就接到于老师的回信，当时我激动不已，于老师的勉励至今依稀记得，这封信仍收藏身边。这一次算是初次交往，当然是未曾谋面的。

和于漪老师第一次见面是在1994年夏天，在山东泰安举办的"全国青年语文教师联谊会"成立大会上。先生作为老一辈语文教育家的代表到会祝贺，并给与会的青年语文老师做报告。先生受青年教师景仰，会前、会后大家将她团团围住，有围着于老师合影留念的，有乘着机会请于老师签名的，有向于老师讨教的。我生性腼腆，不大敢主动与人攀谈，更何况是大名鼎鼎的于老师，这一回算是与于老师擦肩而过。回来后好生后悔，没能走近先生，有说不出的遗憾。

1994年9月，我正式开始了在上海市建平中学做语文教师的职业生涯。我是从江西老区上饶调到国际化大都市上海的，"乡下人"进大城市总有些"水土不服"，不太适应新学校的种种新生活、新的人际关系。先生不知怎么知道了，托人捎信给我，请我到她家坐坐谈谈。得知这一消息后，我又是高兴，又是担心，平生不善交际，不善言谈，见名人，生怕无话，难免尴尬，心生许多压力。恰逢先生在《语文学习》发表《弘扬人文，改革弊端》一文，于是以此为由准备了许多问题。当时心想，有了这些问题就可以向于老师请教，不用担心无话可说而导致过分紧张。

先生是个和蔼可亲的老人，精神矍铄。也不记得开始怎么说的，单知道没说几句话，我的拘束就无影无踪了。我就语文教育的人文性向她提出了一些问题，她不紧不慢做了耐心细致的回答，不时插几句："你看呢？你怎么想？"总是把我作为平等的谈话对象。后来先生向我谈起她走过的路，她是1951年复旦大学教育系毕业的，先到中学担任历史老师，后来由于工作需要改行当语文老师。作为半路出家的语文老师，她用尽心血，凭自己的刻苦钻研精神成为名师，她的名师称号是一堂课一堂课磨出来的，是几千堂公开课上出来的。谁知道后来"文化大革命"来了，她遭受冲击，备受折磨。"文革"结束，她重新走上语文教师岗位，拨乱反正，从班主任到年级长，从教研组组长到学校校长，硬是克服种种困难把一个烂摊子收拾好了，使学校成为一所名校。先生与我分享她的感想、她的体会，听她娓娓动情的叙述，我悟出了先生的良苦用心：树立自信，勇敢地走出困境。

末了，我提出就语文教育人文性整理一个《于漪答问》，她欣然同意，但标题执意要定为"关于语文教育人文性的对话"。"答问"与"对话"的区别，我当然知道，先生的长者风范令我非常感动。后来浦东新区教育学院和建平中学都聘请先生作为我的导师，我成了先生的弟子。这以后，凡是重要的语文教研活动，她都主动招呼我，并提供很多机会，让我登台亮相。

1996年上海市教委评选特级教师，由于一线特级教师越来越少，多数特级教师因为年龄原因相继退休，市教委出台一个决定，破格评选特级教师，每个区县上报一名候选人，参加所有程序的评选，同时破格评选特级教师的候选人还要经过特别评审。

浦东新区社会发展局把申报破格评选特级教师的机会给了建平，给了我。听课、评课、评论文、答辩，一路过来，我在破格参评特级教师的候选人中各项总分名列前茅，被送到市级评审的最后一关。

先生很为我高兴。有人以年纪轻、1995年刚破格评上高级教师不久、江西老区调来的等诸多理由为据，提出异议。先生在会上慷慨陈词："此次评选安排了破格评选一类，既然破格就不能考虑年纪轻，虽然程红兵刚刚评上高级教师，但是评上之后他有专著出版。英雄不论出身，我们评的是教师中的优秀分子，不论他是来自哪里，只要合乎特级教师条件，就应该评上。"她力排异议，颇为动情，评委们都被她打动了。当我从其他渠道得知这些"内幕消息"之后，很是惭愧不安：我与先生非亲非故，我有何德何能让先生如此出力提携我？后来于老师深情地告诉我："推你上去，绝不是为了你个人，而是为了事业的需要，我们已经老了，语文教育事业应该后继有人，新世纪需要你们这一代人支撑。"当时听了，我的心里涌起一股热流：这是怎样的一种境界，怎样的一种胸怀啊！1996 年 8 月，我被上海市人民政府授予"上海市特级教师"的光荣称号，成为当时上海市最年轻的特级教师，只有 35 岁。

先生以其博大的胸怀给青年教师以理解、宽容、指点和奖掖，在她身上，我领悟到了"学高为师，身正为范"的内涵，领悟到做一个语文教师的平凡和神圣。还记得我的第一本著作《语文教学的人文思考与实践》校样出来的时候，我想请先生作序，其时她因积劳成疾，住院卧床。当我在病房里看到她时，她面容消瘦，我顿时打消了念头，但她似乎看出了我的心思，笑着说："你把校样放在这儿，我抽空来为你作序。"好半天我都说不出话。

几天以后我就看到了先生所写的序言，题目叫作"看新竹展枝"。在语文教育之路上，我知道自己还刚刚起步，先生在序言中对我的鼓励，实际上是对更多的语文教育界晚辈寄寓的厚爱和殷切希望："看到新竹展枝，生机勃发，喜悦之情充盈胸际，深切感到中学语文教育充满希望之光。"先生还勉励我："登高才能望远，居高才能临下，要对语文教学中种种难题有清醒的认识，能做鞭辟入里的分析，须在宏观上把握，微观上勘察。要在这方面有进展，就必须源头活水长流。厚积而薄发，说理就能说到点子上，剖析就能析到要害处；如果是薄积而厚发，语言就往往会横流，令人捧腹或愕然。年轻人尤其要学习，不仅读语文专业书，而且读国内外教育著作、心理学著作以及与语文有关的学科著作，腹笥充实，论述道理就板眼分明，减少主观臆断。""研究教材，更要研究学生，做到因文而异，因人而异，创造多姿多彩的方法，求得最佳的教学效果。"这些诚挚而热情的话语，我一直难以忘怀，并且以此鞭策，不敢懈怠。

这以后我常常向于老师请教教育教学方面的问题，后来当了校长，也向先生讨教学校管理经验，先生总是不厌其烦地给我指导，给我点拨，让我受益。2013 年夏秋之际，我离开生活工作了 20 年的上海，南下广东创办十二年一贯制的深圳明德实验学校。临行前我向先生辞别，先生赞赏我年过半百再创业绩的勇气，嘱咐我要花时间熟悉和研究小学、初中段的教学和管理，要花时间研磨儿童心理，因为之前我一直从事高中段的教学和学校管理工作。意外的是，先生还特地为我准备了两件白色的短袖衬衫，对我说："南方天气热，校长着装要正式一些，这个你用得着。"9 月 1 日开学典礼上，我穿着先生给我的白衬衫，迎来"明德"首批新生，也迎来自己教育生涯的新航程，那白色，仿佛出发的航船上鼓动扬起的帆。

时光飞逝，二十多年过去了，我和先生交往的一幕幕情景，却历久弥新；先生对我的指导和示范，是我职业生涯中最宝贵的积淀；先生殷切而关爱的目光，鼓励和伴随我在人生之路上不断行进。

而今，先生已是八十多岁高龄，但"教育人永远是年轻"。先生从不拒绝接受新的思想理念，也从不空谈理论，她总是把实践和理论紧密结合；她的讲座报告依然精彩而有余韵，秘诀就在于她始终倾听来自教育教学第一线的声音；她的话语方式一直都是草根式的，带着青草的芳香，带着校园的露珠，自然而质朴，深情而动人；她依然文思敏捷，著述不断，为我们做出了不断探索、不断耕耘的典范。

我很幸运，这二十多年来，能够领教先生的学术经验、实践感悟和人生体会，能够享有作为学生的荣幸与荣耀，我唯有以此自勉——秉承先生求真务实、兼容并蓄的治学风格，谦逊、宽容、和睦的为人准则，矢志不渝的理想追求，让真理、真情的光芒照耀自己，感召他人，努力成就教育的人生、智慧的人生！

[程红兵. 我的导师于漪先生. 人民教育，2015（1）. 注：发表时有改动]

教师是有人格的，人格是有差异的，不同的教师有不同的人格。于漪老师的人格光彩照人，充满魅力，是当代教师学习的楷模。

一、优秀教师的人格示例

北京市通州区二中李圣珍老师以她的真诚和爱心，以她高尚的人格带教好一个又一个被许多人视为差生的孩子。

马玥是其中一个典型例子，她曾经是个聪明、漂亮、充满各种奇妙幻想的小女孩，一次偶然的考试不及格使她成了老师和同学眼里的傻孩子，于是她对学校充满了恐惧，逃学，装疯，被送进疯人院，甚至几次三番要自杀。在这样的情况下，李圣珍老师走近了她，李老师用温柔的眼光注视着她，说道："你想死，可是你心里却是矛盾的，因为有一种叫作'希望'的东西在吸引着你，不然，你不会来我这里。"马玥的心里猛地一震，她抬起了头，目光迎上了那束正注视着她的温柔而亲切的目光。几天后，马玥来到了李老师的家，晚上李老师让马玥跟她一起睡，当电灯关闭，黑暗降临时，她发现马玥马上用被子紧紧捂住了自己的头。没有人知道，连马玥的父母也不知道，马玥惧怕黑夜。她几乎夜夜被噩梦纠缠。李老师轻轻握住马玥的手，在她耳边喃喃着："好孩子，睡吧，别怕……"在她的喃喃声中马玥渐渐地沉入梦乡。从那以后的三年里，几乎每天晚上，李老师都一边握着她的手一边在她的耳边喃喃着直到她入睡。

在马玥来到李老师家后的第二天晚上，李老师笑眯眯地拿出当年高考试卷说："我们一起来做做这些卷子好吗？看你能拿多少分。"这像一个游戏，马玥很轻松，结果，竟得了300多分。李老师高兴地说："马玥，你真行，只要努力，你一定能上北大。"马玥以为自己的耳朵听错了，打从进了学校就从来没有人说过"马玥，你真行"，老师和同学没说过，爸爸妈妈也没说过，更没有人认为她有希望考上大学。她半信半疑地看了看李老师，她看到的是一张挂满笑容的脸，那笑容像一缕阳光射进了她关闭已久的心灵，激活了她的自信，让她看到了希望。

　　马玥成了李老师班上的一名学生，开学不久，班上竞选班干部，李老师问马玥想不想参加竞选。马玥犹豫地说："想是想，可我行吗？我从来没有当过班干部。""去试试吧，也许你行。"李老师鼓励她说。马玥报名竞选宣传委员，她的演讲获得了一片掌声。转眼就是期中考试，对考试的恐惧又开始紧张地缠绕着马玥。考试前的一天，她发起高烧，那天晚上，李老师在她床边守了一夜，也想了一夜：如果马玥不参加考试，她就不知道这段时间努力的结果，就得不到成功的喜悦，但是如果没考好，对她又是一次打击。最后，她决定，如果早晨起来烧退了就让马玥去参加考试。早晨，她摸摸马玥的额头，烧退了。马玥说："我不去，我害怕……"李老师将她搂进怀里轻轻地拍着她的背说："好孩子，你能行，别怕。"期中考试的成绩出来了，入学时排在全班最后一名的马玥，这次考试总分排在全班第 14 名。一直被打击被毁灭的自信在一点一点地修补，在一点一点地建立，马玥不再觉得学习是件痛苦不堪的事，她感受到了学习的快乐，生活的快乐。1999 年，马玥以高分被北京一所重点大学录取，在大学，她是能歌善舞的活跃分子，还是校业余话剧团的台柱子。今天人们看到的是一位充满自信、充满活力的马玥。这一切变化的根本原因就是李圣珍老师充满爱心的关怀和细心的帮助，马玥的人格变化是李老师人格魅力所施加的影响。

　　6 年来，先后有 20 多个孩子和李老师生活在一起。李老师说她有一个梦想，就是创办一所专门收所谓"坏孩子""笨孩子""傻孩子"的学校。在那所学校里，老师不只是授业者，他们给孩子的永远是真诚，是平等，是信心，是希望，那里是学习的乐园，学生的天堂。这个美丽的梦想闪耀着一个人民教师特有的人格魅力。

〔吴苾雯. 李圣珍与"疯女孩". 北京文学，2001（2）.〕

　　从上述案例中，我们感受到李圣珍身上所体现的教师的人格魅力，这种魅力源自她对孩子的无限希望，对孩子的无限热爱，这种人格魅力像阳光一样辐射在孩子身上，唤起孩子的信心，改变孩子的心态，从而改变孩子的人生。

二、差异不同的教师人格

现实生活中，作为一种职业，凡是泛称为"从事教学活动的人"都可被名为"教师"。但实际上，同是被泛称或自称"教师"的人中，其德才识能在层次上却千差万别，并不是所有的教师都具有人格魅力，优秀如李圣珍这样的教师不是绝无仅有，但也绝非尽是如此。相当一部分教师缺乏人格魅力，也认识不到教师人格魅力在教书育人过程中的重大作用，没有强烈的加强自我人格修养的动力需求。有些教师除了以点名、批评、考试、排名等强制性手段维护课堂秩序、让学生听课外，根本无法把学生的心拢到课堂上。有些教师虽然兢兢业业、辛辛苦苦，却与学生的需求相距甚远。有些教师满足于教学设计、语言表达、教学手段的纯熟运用，把教书育人降低到纯技术层面。有些教师只修文凭，不修本领；只重职称，不重德行；只图安逸，不思进取，以文凭、职称等遮羞布掩盖自己人格魅力的匮乏，年年评教倒数而不知愧。凡此种种，都足以严重影响学生求学上进的积极性，影响教师作为"人类灵魂工程师"的形象，影响人才培养质量，甚至影响我们教育事业的未来。

有人说，人做事其实有三层境界：第一层境界是职业，做事是职业的要求，是当兵吃粮，是做一天和尚撞一天钟，这样的人做事是不会真正全身心地投入的；第二层境界是事业，有了事业心的人就会愿意奉献，就会愿意付出，愿意承受痛苦；第三层境界是理念，是信仰。信仰是无可妥协的，信仰是不讲代价的，信仰能让人付出百分之百的智慧、体力、财力，有了信仰会让人因此而燃烧自己。

教师的境界不同，其实就是教师的人格不同，人格、境界不同，教师看待学生、处理教学工作的方式就会不同。

故事1：语文课上，张老师给学生毛毛留作业——造句，老师出的题目是"况且"。毛毛开始答题，没过一分钟答案就出来了："一列火车由我家门前开过，况且况且况且况且况且……"

张老师看了毛毛的作业，写出了一句评语：我还是死了算了！

故事2：语文课上，李老师给学生毛毛留作业——造句，老师出的题目是"况且"。毛毛开始答题，没过一分钟答案就出来了："一列火车由我家门前开过，况且况且况且况且况且……"

李老师看了毛毛的作业，不仅没有生气，反而像发现新大陆一样把毛毛揽在怀里，激动地告诉毛毛："你实在是太有才啦！你怎么可能拥有常人没有的想象力呢？好好培养这种能力，老师一定帮你好好培养这种能力……"

40多年过去了，长大的毛毛果然想象力非比寻常，还成为一名语文特级教师！

对待同样一件事情，不同的人的看法和做法是不一样的，因为他们的境界是不一样的。在张老师的眼里，毛毛的造句纯属瞎搞，不着边际，甚至觉得这个孩子简直无可救药；在李老师的眼里，毛毛的造句就是与众不同的，具有超乎常人的想象力，要保护和培养这种想象力。无疑李老师的教育境界是不同寻常的。

现实生活中教师的人格千差万别。依据人格差异，教师大致可分为五种类型：优秀教师，好教师，教书匠，以教谋生者，因教误人者。

优秀教师。优秀教师是有信仰的教师，著名的语文特级教师王栋生说："今天学校规模大了，人数多了，楼高了，为什么看上去却有失魂落魄的感觉？说到对学校的感情，可能也只有把生命燃烧在课堂的老师们最清楚。当一种职业成了你的生命，当你在从事这项工作时有宗教情结，你就不会容忍任何玷污它、亵渎它的行为，你会用生命去保护它的纯洁。我对名校的堕落痛心疾首，也许正由于这样一种自私的情感。"王老师所说的宗教情结，就是把教育当作一种信仰，把学校当成自己的精神家园，把教育当成自己的生命，这样的教师才是优秀教师。德国大哲学家雅斯贝尔斯说："教育须有信仰，没有信仰就不成其为教育。"只有怀抱信仰从事教育的教师才能成就有信仰的教育。这样的优秀教师不是依据什么头衔或是什么高级职称而定，也不是依他的嘴里常常喊什么口号而定，主要是依他的教育行为而定，依据他在教育过程中表现出来的师德修养、教育智慧而定。师德修养，是指在教书育人的过程中有善意，有爱心；教育智慧，是指在教学上有见识，有智慧。无论这样的教师有没有头衔，有没有荣誉称号，但实际上他具有十分鲜明的教师人格魅力，有深刻的教育思想，有鲜活的教育经验，有睿智的教育本领，让你时时感受到他的存在，感受到他的光辉，感受到他的影响力。哪怕他仅仅是没有头衔的中学教师、小学教师，或是没有称号的幼儿园教师，但是他们的做人有感召力，他们的教育有感染力，他们的教学有影响力，就堪称教育家。

好教师。好教师的人生境界尚达不到把教育事业当成人生信仰的地步，但是他们也是十分爱岗敬业的。虽然他们爱学生爱得有点儿婆婆妈妈，但他们对学生的爱是无比赤诚的。虽然他们提炼不出什么教育思想，但他们在教学上能尽心尽力，苦累不计。虽然他们不一定有多少教育智慧，学问也不是很大，讲课也表现不出特别的生动性、灵活性，但是每当他们走进课堂时就会全身心地投入，无论付出多大辛苦和多少汗水也都是心甘情愿的。一位校长做了一个"好老师"的调研，结果很有意思：学校领导心中"好老师"的标准，"教学质量高"居第一位；而学生的情况刚好相反，他们主要看教师的人格魅力。学生心中的"好教师"在才智上未必杰出，但他们是有一定的人格魅力的，在主观上和客观上都有益于学生，对学生也能够产生积极的影响。

教书匠。所谓"匠人"，虽然无大智慧，无大才干，无大创造性，但又大都不违基本知识、基本技法，教育教学上有据可依，有章可循，基本上是个本分人、安分人。他们当中不乏兢兢业业的人，到了时间，也能取得高级职称，做高级教师，甚至做教授，但往往只囤积了某些"死学问"，而且教学上按照"模式化教学程式"上课，无生动感，有序而机械。教书匠若能名副其实地称作"匠人"，也应给予适度肯定，适度尊重。须知，做名副其实的"匠人"也不易，不够格的至少也有相当比例。但他们属于做一天和尚撞一天钟类型的，不求有功，但求无过，教学上刻板机械，循规蹈矩，上课枯燥无味，照本宣科，缺乏创新意识，不受学生欢迎。他们常常把教材当"圣经"，认为教材是绝对完整的，不能轻易改动的……如果教师只是这样照本宣科，充其量只起到了传声筒的作用。这样的做法会扼杀学生的求知欲望，减慢学生的思维发展。久而久之，学生既不会分析问题，解决问题，更不会提出问题。这些教师关心的只是学生考试分数，在他们眼里，学生早已不是活生生的人，而是一部学习机器，对学生的要求没有最高，只有更高。这一类教师应该不断提高教育境界，提升教育水平，增强教学的生动性，尤其是要提高教师的人格品位、人格魅力。

以教谋生者。他们只是将教师当成一种职业，但不是把教师当成事业，他们的全部心思就是以教谋生，这本无可厚非。但是他们中的很多人把个人利益看得过重，自己并没有花多少心思在教育学生上，不去努力提高自己的教育、教学水平，随意教学，不求质量，不思进取，不愿学习和研究，知识没有更新，教育思想落后，教学方法陈旧，课堂如一潭死水……满堂灌输，填鸭式是他们一贯的教学方法……带给学生的只是干巴巴的讲解。听他们的课，要么听不懂，要么味同嚼蜡，不少人听得昏昏欲睡。这些人在教学过程中不时会犯一些知识层面上的错误，被同行或学生指出还很不服气。他们斤斤计较于个人得失，因此在触及个人利益时，往往十分在意，比如在工资、福利、房子、职称上总是竞相争之，从不考虑自己付出多少，但是一定计较得到多少，若不如意，往往因此误业废职，对学生人格养成会产生消极影响。

因教误人者。误人的教师有很多类型。有一类误人教师，眼里没有学生，他们老是板着脸，凶巴巴的，经常发火，学生很难接近，甚至看到都很害怕，给学生造成很大伤害。有的老师容忍不了学生犯错，不能冷静下来思考怎么利用这个机会教育学生，而是当着全班同学的面批评训斥学生。殊不知，这样做在不知不觉中已经伤害了学生的自尊心，而自尊心受到伤害往往是学生与你抵触的开始。中小学生同样也希望得到老师的尊重与理解，新型的师生关系首先要求师生在人格上是平等的，即在人的尊严上应该是平等的。师生关系的平等性，首先意味着教师对学生人格的尊重，其次意味着教师对学生的公平对待和一视同仁。

有一类误人教师也许非常尽职，但由于观念的落后，或者迫于学校教学评价的压力，眼里只盯着学生的学习成绩。对于那些学习成绩优异的学生，倍加关爱，而对于学习落后的学生则"恨铁不成钢"，批评指责，甚至不惜以伤害学生的自尊和自信为代价，使学生成为学习的机器和获取成绩的机器，这样的教师对学生缺乏人文关怀，做事往往有"家长式"作风，忽视学生的感受，对学生其他方面的发展和特长往往一无所知，基本不太关注。

误人子弟的教师中，尤以人格误人最为可厌，乃至可鄙。沾了"恶人""坏人"边的人无疑是少数，但是若以"人格矮化"论之，倒也毫不夸张。在教师队伍中，有"人格矮化"的人像在其他行业中的人一样，都没绝迹。今天，有些教师在个人名利上斤斤计较，甚至一点蝇头小利也要锱铢必较，常惹事端、搬弄是非，挑拨教师与教师关系，挑拨教师与学生关系，唯恐天下不乱。他们身上的这样一种"矮化人格"会潜移默化地熏染学生，浊化学生，最终误人子弟，影响学生人格的健康发育。人格矮化，其根本原因就是信仰缺失，教师如果在金钱面前什么都不管不顾、不怕不敬了，他就病入膏肓了；社会上如果利令智昏、恬不知耻、肆无忌惮之徒比比皆是了，社会就危在旦夕了！如果教师中拜金主义、功利主义大行其道，整个学校的健康肌体就会被侵蚀，孩子们的精神人格就会受到损害。一个教师，什么时候也不能没有精神支柱。一所学校，缺什么也不能缺道德诚信。金钱的泛滥能使信仰沉睡，教师的庸俗能使理想失色，学校的失信能使社会畸形。教师信仰的动摇是危险的动摇，孩子信念的迷茫是最大的迷茫；教师理想的摇摆是根本的摇摆，孩子思想的滑坡是致命的滑坡。如果教师处在信仰的荒漠上，教师的人格矮化，必定影响学生人格的健康，进而影响一个民族的精神人格，没有人格站立，就没有民族精神的站立。

因此，人格矮化，从根本上说应与为人师表者绝缘。

《中国教师报》2011 年 4 月 6 日第二版刊登的胡传锡的文章《学生最不喜欢的"十种"老师》，观点如下：

一、"体罚学生"的老师：学生最怕、最难受、最恐怖的就是当"犯错"时受到教师各种形式的体罚。体罚侮辱学生的人格，让学生在同学面前失去尊严。

二、"状告家长"的老师：当学生出现问题时，老师动辄就打电话状告家长，让家长"教训"学生，或是让学生请家长到学校来，和孩子一起当面接受老师的批评，致使家长都害怕见老师。

三、"作业过多"的老师：老师布置的作业量过大，一是让学生失去了自由活动的时间；二是有的学生根本就不能完成；三是导致教师自己也无法认真批改。

四、"处事不公"的老师：在处理学生之间的问题或冲突时，老师带着"学生成绩""过去表现""人际关系"等偏见去处理，或偏听一面之词，不做调查研究，不能实事求是。

五、"歧视差生"的老师：老师看不到后进生的优点和长处，即使在某一方面取得了成绩或表现优秀，也会被老师"另眼相看"，甚至怀疑其真实性。

六、"不守规矩"的老师：一是上课常迟到，下课拖堂，让学生没有课间活动时间，甚至没有上厕所的时间；二是不按课表上课，挪用课程，特别是占用体育课。

七、"失信诺言"的老师：事先向学生定下的规矩或承诺，到头来不兑现，或是随意改变。

八、"教学无术"的老师：不求上进，教学思想和方法老套，缺乏教学艺术，课堂乏味，甚至抓不住重点，学生很难听懂。

九、"言行不雅"的老师：说话粗鲁、啰唆，举止不文明，衣冠不整，生活邋遢，让学生觉得当他的学生都不光彩。

十、"严肃有余"的老师：课内课外只讲纪律，要求学生绝对服从。缺乏生气和活力，没有诙谐与阳光，使学生害怕接近，更不敢张扬个性。

这十种不受学生欢迎的教师说到底都是缺乏人格魅力。教师不良人格主要表现在：不尊重学生，对待学生的错误或失误，不做深入的了解，而是主观定论或加以讽刺、责备；对学生缺少应有的爱心，对学生的各种活动，经常表现出冷漠的态度；对学生有明显的偏见，处理学生的问题多失之公允；对工作厌倦，对前途悲观，经常发牢骚；遇到不顺心的事，便将不良情绪转加于学生或对着学生发怒；贪图小惠，急功近利，收受学生或家长的礼物，好炫耀自己的成绩；缺乏毅力，易满足现状，不求上进，认为自己已经不错了，别人也没有什么好；对学生多批评、指责，少赞许、鼓励；忽视学生之间的个别差异与不同需要；教育观念陈旧，教学方法过时，经常责备学生不动脑筋；与家长产生矛盾冲突，认为家长不配合学校，没有管教好孩子，一味指责家长素质差，在同家长的谈话中将家长当作学生一样训斥；体罚与变相体罚（面壁、罚抄、罚坐、罚站）甚至动手；语言、行为不文明（撕掉学生的作业本，将学生的书本、书包等学习用品丢在地上，或扔出教室等）。这些不良人格都会从教师所从事的教育教学活动的方方面面反映出来，并在不同程度上影响着学生。

　　我们可以从教师自身和教师所处的客观环境来分析教师不良人格形成的因素。从教师自身来说，一个教师对自己所从事的职业充满信心，那么他的精神面貌、思想品德、气质度量就具有相对稳定的优势。反之，一个教师不热爱自己的事业，不喜欢自己的职业，缺乏事业心与责任心，那么他就会消极地对待工作，就会敷衍了事，满足现状，不求上进，得过且过，或易怒、武断，牢骚满腹，不负责任，更不可能有开拓与创新的意识。客观环境对教师人格健全的制约作用主要表现在以下几个方面：（1）理想与现实的矛盾冲突。青年教师刚踏上工作岗位，充满着理想主义色彩，一旦遇上不听话的学生，或是成绩差、态度不端正甚至调皮捣蛋的学生，很容易出现心理问题，导致不良人格；中老年教师自以为辛辛苦苦工作了几十年，没有功劳也有苦劳，希望得到领导的偏爱，一旦不能称心如意，也会造成心理失衡，产生心理问题，形成不良的人格。（2）教学环境不尽如人意，美好的想象成了泡影。过多地羡慕别人优越的教学条件，而埋怨自己简陋的教学设施；或是认为入不敷出，待遇太低等等，长此以往，也会带来心理的偏差，导致不良的人格。（3）工作上的磨砺与困扰。上级检查、各级监控、升学率等，会使有的教师在体力上和精力上感到不堪重压；遇到难以调教的学生，会使有的教师失去自我控制的能力，进而违反教育原则；不妥当的教育方法的采用，使师生关系处于冷漠或紧张状态，这些恶性循环最终将造成教师的自卑和自负心理。

（4）不良人际关系的刺激。教师与教师之间或领导与教师之间的关系不和谐，有的可能是领导用人不当，管理不力，有的可能是同事间性格不合，看法不一，观念不同。长期处于这种不良人际关系中的教师，往往会产生对立、消沉等不良情绪，并引发自卑、嫉妒、埋怨、畏怯等心理，有的甚至自暴自弃，形成人格障碍。（5）过重的外界压力。社会对教师的要求越来越高，同行中的竞争愈演愈烈，尤其是家长，他们望子成龙，望女成凤，不顾客观因素，寄希望于教师，对教师的期望值甚高。（6）"应试教育"的弊端将师生引入"唯分数"的误区，师生共同承担着考试的压力，自然也就失去了沟通交流的时间和空间，导致了师生关系的冷漠。况且人们习惯于以考分的高低，来衡量一所学校的好坏，一位教师的优劣，这就造成教师之间的病态竞争，这些都会使教师对工作失去信心和自信，令人感到沮丧与消沉，产生不良人格。

三、塑造教师人格的意义

正因为现实不尽理想，所以更显示出塑造教师人格的重要意义。

现代教育家夏丏尊先生在谈到著名教育家、艺术家李叔同时曾说过："李先生教图画、音乐，学生对图画、音乐看得比国文、数学等更重。这是有人格作背景的缘故。因为他教图画、音乐，而他所懂得的不仅是图画、音乐；他的诗文比国文先生的更好，他的书法比习字先生的更好，他的英文比英文先生的更好……这好比一尊佛像，有后光，故能令人敬仰。"（引自丰子恺散文《悼夏丏尊先生》）夏丏尊先生所提出的"人格"，就是教师的人格魅力，就是以深厚的学养为基础的人格魅力，它准确、精要地道出了21世纪教师最重要的从教素质。

（一）学高为师，身正为范

教师的人格魅力，是以高尚的师德、超人的才情、深厚的学养为基础，升华而成的具有感召性的人格魅力和精神气质。用今天的话说，教师的人格魅力最主要的有两点：一是认真严谨、敬业爱生的教育精神，忠诚事业、正直善良的道德情怀，即身正，属道德素质范畴；二是宽广厚实、多才多艺的学养才能，即学高，属文化素质和业务素质范畴。学高为师，身正为范。李叔同先生正是一位具有深厚的学养、高尚的师德、超人的才情的，非常具有人格魅力的大教育家。丰子恺之于李叔同，即是一个典型的例子。在浙江一师，丰子恺正是由于李叔同的言传身教和人格感化，才使其学习兴趣逐渐集中在艺术主要是美术上，此后选定艺术作为自己终身努力的方向，成为现代著名的漫画家、散文家。可见，要想对学生实施素质教育，关键是教师要有高素质。我们当然不能要求教师个个都是李叔同，而且我们现在要求的教师人格魅力也有新的内涵，如强调思想道德素质，强调与学生平等相处，注重爱心教育等。教师的人格魅力，确实能够极大地增强教师从教的自觉性和自信心，赢得学生的信任、尊重和欢迎。教师的人格魅力，还可以激发学生的求知欲和思维活力，培养他们的创造意识和创新能力，能够使学生心悦诚服，于潜移默化中影响学生的人格、志趣，甚至影响学生的人生选择。

　　需要指出的是，学高与身正两个方面是相辅相成、密不可分的。学高是身正的基础，能使身正产生实际效应和巨大魅力；否则，身正即是空中楼阁，无所附丽。身正是学高的根本，身不正，难以保证学高有正确的价值取向和用武之地。不可设想，一个没有人格魅力的教师能成为优秀的教育家，成为名师。事实上，古今中外有成就的教育家莫不具有高尚的人格，具有非凡的魅力。所以，教师人格魅力是为人师表必需的修养和精神，是现代教师必须具备的实实在在的从教素质通行证。

　　"学高为师，身正为范"，这是对教师职业特征的概括，也是对现代教师人格塑造的要求。俄国大教育家乌申斯基曾经说过，教师的人格对于年轻的心灵来说，是任何东西都不能代替的，教师的人格是教育事业的一切，只有人格才能影响人格的形成和发展。因此，在教育现代化的进程中，塑造现代教师人格始终是一项基础性工程。人格是人的社会性的集中体现，它带有职业的烙印，不同的职业有不同的人格特质和模式要求。"教师人格"是教师应具备的优良的情感及意志结构、合理的心理结构、稳定的道德意识和个体内在的行为倾向性，也是教师为适应未来社会要求、职业要求而应努力塑造的整体性人格。古人云：师者，人之模范也。教师不仅是知识传授者，还要成为信息鉴别者、思想教育者和道德示范者，应该是"人类灵魂的工程师"。他们的人格模式要求应当先于、优于和高于其他行业的人格模式要求。也就是说，教师人格应该是全社会的表率。

教师必须具备对教师职业的认同及其由此而形成的奉献精神，必须具备足以使受教育者顺利接受"教化"的教师人格。我们必须明确地提出"教师人格"要求，规范"教师人格"的民族精神内涵、科学精神内涵、时代精神内涵、教师职业内涵，并以此为基础来造就一代面向未来的具有教师人格魅力的新型教师。

（二）随风入夜，润物无声

教师的人格魅力会像一丝丝春雨，"随风潜入夜，润物细无声"，潜移默化地影响着学生的人格。教师职业劳动的这一特征，决定了塑造现代教师人格的必要性。

首先，教师劳动的特点规定了教师人格的特殊性。教师劳动与其他行业，特别是与工农业劳动相比，具有许多不同的特点。教师劳动的最大特点是培养、塑造新一代，是做人的工作。教师的劳动对象是人，是一个个活生生的具有各自不同个性的学生，教师的主要劳动工具是人，是涵盖着其全部人格、知识和才华的教师本人；教师的劳动产品也是人，是能够带着教师在他心中播下的种子，使之发芽、开花、结果，播撒更多的种子影响社会的学生。所以每个国家总是对教师人格有特殊的要求。一般来说，教师不管自己所处的社会地位如何，总是凭着自己的职业良心，尽可能对学生进行一定的道德修养和文化知识的教育与熏陶。在学校里，教师往往成为学生最直接的榜样。教师的人格之光对学生心灵的烛照深刻且久远，甚至可能影响学生的一生。可以说，优秀的教师是学生人生道路上的楷模和导师。我国伟大的人民教育家陶行知先生就是一个光辉的典范。他对教师的要求提出了很多精辟的论述，并躬行实践，表现出特有的教师人格。他有"捧着一颗心来，不带半根草去"

的献身精神，他有"富贵不能淫，贫贱不能移，威武不能屈"的高风亮节。他的思想和行动深刻地影响他的学生，使许多学生从此走上了革命道路，他的伟大人格至今仍为他的学生以及学生的学生所敬仰。鲁迅留学日本时的老师藤野先生，其纯真的品质、博大的胸怀曾给身处异国他乡的鲁迅以极大的温暖，使得鲁迅在回国20多年以后，还深深地怀念着老师。在晚年，鲁迅深感写作极疲倦时，抬头看见藤野先生的照片，便激起无穷的力量，点一支烟继续奋笔疾书。鲁迅把藤野先生作为鞭策自己奋斗的力量源泉，这正是教师人格的特殊魅力。

其次，教师肩负的责任决定了理想的教师应该具有高尚的人格。在新时期，人民教师肩负着把我国青少年一代培养成为德才兼备的新人的重任。现在的在校学生，是未来社会建设的主力军。他们的道德品质、文化知识和工作能力，直接关系到我们国家的建设能否兴旺发达，我们的事业是否后继有人的大问题。为了完成这一光荣而艰巨的任务，教师不仅要求具有高度的文化修养、专业知识，而且要具有高尚的道德品质。苏联教育家加里宁曾语重心长地说过："国家和人民把儿童信托给教师们，要他们来教育这些按年龄来说最容易受影响的人，信托教师们来培养，教育和造就这代青年人，也就是说，把自己的希望和自己的未来都完全嘱托给他们。这是把伟大责任加在教师们身上的一种重托。虽然，教师们一方面应当是学识很高的人，另一方面应当是无上诚实的人。"唯有高尚的教师人格，才能保证教师切实担负起培养跨世纪接班人和建设者的历史重任。

再次，教师人格反映了广大教师对真、善、美的自觉追求。教师人格是构成教师道德内在本质的精神力量，是思想、品德、情感的有机组合，是主体的自觉追求。陶行知说过："千教万教，教人求真。千学万学，学做真人。"求真是人类本身的内在需要，也是人生臻于完善的重要前提；至善是主体应具有的高尚道德品质，追求符合社会发展和人民利益的道德行为；达美是对美的追求，按照美的规律来塑造。真、善、美有着内在的关联，真、善、美的统一是主体与客体的和谐统一，是人生的最高境界，也是教师理想人格的集中体现和自觉追求。

（三）文化使者，精神引领

教师是人类的文化使者，教师的健康人格，不仅影响学生，而且引领整个社会。

影响学生，引领学生。教师是成人世界派往儿童世界的文化使者，对儿童起着精神引领作用。教师的使命，就是挖掘人的潜力，引导学生的人格朝着健康、全面、和谐的方向发展。捷克教育家夸美纽斯指出："教师的职务是用自己的榜样教育学生。"教师人格就像一面镜子，学生可以从中认识到什么是善，什么是恶，什么是美，什么是丑，什么是高尚，什么是卑劣，什么是应当做的，什么是不应当做的，教师用身教来印证平日的言教，对学生最具有说服力和感染力，可以有力地推动学生在人格塑造中由"知"向"行"转变。2012 年中国最美乡村教师——马背上的校长徐德光的故事就很能说明问题。贵州省遵义市金鼎山镇扇子林教学点校长徐德光，卖掉家里的两头猪和粮食，建立扇子林教学点，用一年时间亲手为孩子们砍出一条上学的路，用两匹白马驮回孩子们学习用的书，用近 40 年的艰辛努力托起山区孩子们的求学梦。这是一位教师所体现的伟大精神，在多元开放的时代，给予学生一生的影响，光彩夺目。

影响社会，引领社会。道德教育是社会文明建设的首要内容，也是解决社会矛盾和问题的主要途径之一。道德教育既十分重要，又相当困难，尤其是在市场经济的条件下，我国的道德教育工作存在着相对疲软的状况，很不适应现代社会发展要求。道德教育工作不力的原因很多，但其中的一个重要原因是长期以来我们忽略了人格教育及培养。人格教育是道德教育的基础，没有这个基础，道德教育就犹如无根的浮萍，总是漂流在人的思想表面而不能深入下去。原因在于：第一，人格是人生价值观念形成的稳定的心理基础。人的价值观念必须统一和稳定，而这就需要一个人的心理过程及其人格形态是统一而稳定的。否则，分裂的人格只能产生分裂的观念。第二，人格是形成特定世界观和人生观的内在心理依据。世界观是对于世界的认识，正确的世界观虽然来自于正确的理论指导和学习，但如果没有良性的人格形态作为内在心理依据，外在的观念灌输就很难起作用。第三，人格是形成特定道德素质的主要动力。人格具有品质化的特性，因此，人格一旦形成，人就具有了相应的内在质地，不同的质地会适应不同的道德倾向，良性的人格自然易于建立良性的道德素质。当然，人格的这些基础作用并不是绝对的，而往往是相对的，同时它还与人的价值观、世界观、人生观和道德意识发生相互影响和转化作用。因而，人格既有统一性和稳定性，也有分化性和可变性，这些特性也决定了良性人格的不易养成。总之，人格状态可以说就是细微的、隐性的和原始的思想道德状态，而思想道德则往往是发展了的、成型的、成熟的、显性的人格表现。教师队伍，是我国知识分子队伍中人数最多、分布最广的一支队伍。他们具有一定的知识和技能，与人民群众有着广泛的联系。近几年来，随着教师地位的提高，他们常常走出校门，参加各种科学文化活动和社会实践活动。教师还通过自己的学生，经常地、紧密地联系着社会上每一个角落、每一个家庭。这一切表明，教师的人格水准状况，将对整个社会的精神文明产生巨大的辐射作用。

第 2 章

....

理论：教师人格魅力的内涵与外延

一、人格定义

人格是个体与其所处环境在交互作用的过程中形成的一种独特的身心组织，人格是人的基本的、稳定的心理结构，它组织着个体的经验并形成个体特有的行为和对环境的反应。

关于人格的定义有：

（1）哲学。公元 6 世纪的神学家波伊悉阿斯说："人格是真实的有理性的个人的本性。"他承认人格的真实性，又增加了理性的属性。这个定义曾为中古时代的几乎所有哲学家所接受，为此后人格的一系列哲学定义开辟了道路。以后的哲学家在两个方向上强调和发挥了人格的定义：一个方向是强调人的个体的完整性和价值。例如，哲学家莱布尼兹说，人格是"富有理性的实体"。洛克更强调自我意识的属性。他说："人格是一个会思考的聪明的存在物，有推理和反省能力并能考虑自我本身。"另一个方向是强调人格的伦理道德意义。例如，康德把人格的道德价值强调得很高。他说："人格把我们本性的崇高性清楚地显示在我们的肉眼前。""人格是每一个人的那种品质，这种品质使他有价值，不管别人怎样使用他。"并认为，人格是人的尊贵的真正来源。

（2）法学。有关人的法律地位问题的人格概念产生于罗马法典。按照这个法典，只有生而自由的公民是有人格的，具有权利和人的尊严。奴隶被认为是非人，不具有人格。按照这个法典，人格是"享有法律地位的任何人"。基督教的道德家反对这种社会歧视，他们坚持每一个人都有人格。在现代国家中，法律把人格看作"一个活的人类生物，包括他的全部一切"。因此所有人都具有法律人格，都有自己的权利和义务，所谓法律意义上的人格，是指能作为权利、义务的人的主体资格。

（3）社会学。社会学家总是喜欢从一般社会的视角去定义人格，不强调人格的自足的属性。例如，人格是"人类团体的最终颗粒"。在社会学家的眼里，人格总是被看作社会背景的反映或依赖社会背景。比如，华瑞思创造了一个简练的定义：人格是"文化的主观方面"。这个定义是不全面的，因为它完全忽视了人格的生物因素。他认为风俗和社会传统在单个人生活中的主观化就是人格，忽略和排除了生物因素在人格中的地位和作用。也有的社会学家是从社会的有效性给人格定义的。他们把人格看作个人有效性的综合。例如，伯吉斯说："人格是决定人在社会中角色和地位的一切特性的综合。所以人格可以下定义为社会的有效性。"

（4）心理学。在研究人格的诸多学科中，心理学的研究最完备、最深刻。心理学家们曾提出过大量有精辟见解的人格定义。一般心理学家所讲的人格是个体在与环境相互作用过程中所形成的一种独特的行为心理品质，是相对稳定的，是个体同环境相互作用时，在动因（需要、动机、兴趣、爱好、情感、态度、气质）和能力（一般能力、特殊能力）上，有别于其他个体的行为心理品质。在此基础上，不同人往往强调了不同的方面。有的强调人格的整合性。麦考迪认为，人格是"多种模式（兴趣）的一个整合，这种整合使有机体的行为具有一种特殊的倾向"。有的强调人格对环境的适应性。肯卜夫说，人格是"对环境进行独特的适应中所具有的那些习惯系统的综合"。有的强调人格的区别性。吉尔福说："人格是人的特质的独特模式。"也有的强调人格的动力性。有人认为，"人格是在个体内在的心理物理系统中的动力组织，它决定人对环境顺应的独特性"。

（5）人格学。上述各个学科关于人格的定义各有特色与合理成分，但是，都是从本学科研究领域出发对人格所下的定义，因而，每一种定义仅概括了人格的一部分性质和特征，没有反映人格的全貌。人格学是从整体上研究人格的，它所下的定义必须能够涵盖人格的全部本质、内涵和外延。从这一点出发，人格应定义为：人格是现实的有特色的个人，是人经由社会化获得的，具有内在统一性和相对稳定性的个人特质结构，是人思想和行为的综合。这个定义包含以下几层含义：第一，人格是全面整体的人。它是对人的整体的描述，而不仅是对人某一方面的描述，反映了人的整体性，具有倾向的一致性。同时，它既包含人的内在品质，又包含人的外在行为实践，具有表里的统一性。第二，人格具有相对稳定性。人格是具有主观世界的人，其主观世界既具有可变性，又具有相对的稳定性。因此，人格的内在品质和行为，具有相对的一贯性。第三，人格是有特色的个人。人格是独特的结构，具有复杂的内在组织，给人言行以特色，使一个人成为有别于他人的独特的个体。第四，人格是一个内在的动力组织。人格结构不只是一个素质结构，也是一个动力结构。它具有能量，决定人的动机和行为，是人的行为实践的推动力量，也是人在行为实践中遭受挫折、产生疾病的内在原因。第五，人格是社会化的结果。人格是人在社会生活中，不断吸收社会思想和行为规范的结果。人格形成和变化的过程，就是人的社会化过程。

人格是人们社会化的结果，一般被理解为由人的心理、气质、生活习惯等表现出来的一种个性心理特质。人格与人的先天禀赋密切相关，但更与后天的生活环境、习性养成和教育密切相关，也与特定的民族文化相关。因此，人格实际上是共性的人类文化和个性的心理特质的统一，人格的养成不仅是个人成长的标志，也是民族性格的标志。

二、教 师 人 格

教师人格是指教师在其生理素质基础上，在履行其教师角色的责任和义务中自觉形成的、相应的、相对稳定的心理特征的总和，是存在于教师个体内的动力组织。它由诸如需要、兴趣、动机、理想、信念、价值观、世界观、能力、气质和性格等多种成分组成。

（一）教师人格的基本要求

俄罗斯教育家乌申斯基说："在教育工作中，一切都应以教师的人格为依据。因为，教育力量只能从人格的活的源泉中产生出来，任何规章制度，任何人为的机关，无论设想得如何巧妙，都不能代替教育事业中教师人格的作用。"

我国著名的教育家徐特立在谈到教师的人格问题时说："教师是有两种人格的，一种是'经师'（因为中国过去教经书中的知识的称'经师'，现在是教科学知识，为了容易记，所以仍袭用这个名称），一种是'人师'，人师就是教行为，就是怎样做人的问题。经师是教学问的，就是说，除了教学问以外，学生的品质，学生的作风，学生的生活，学生的习惯，他是不管的，人师则是这些东西他都管。我们的教学是要采取人师和经师合一的，每个教科学知识的人，他就是一个模范人物，同时也是一个有学问的人。"这对教师人格提出了原则要求。教师是人类灵魂的工程师，教师职业是崇高的职业。教育具有超前性，更应面向现代化，面向世界，面向未来。造就具有正确的世界观和教育思想，掌握现代教育内容、方法和技术，善于从事素质教育的教师队伍，是当前和未来教育工作的一项主要任务。具体来说，面向未来的教师人格包含以下一些基本要求。

1. 民族要求

人格是个体文化背景选择和自我塑造的结果。我们中华民族的人本思想源远流长，有极强的生命力。中国传统文化强调天地之间人为贵。以人为本，强调人的价值、道德的自觉，以德立人，坚持独立的人格。所谓"匹夫不可夺志"，就是强调人格意志的独立性。在强调个体"修身"的同时，强调"齐家治国平天下"，把"人、家、国"作为一个整体认知。我们民族在人格养育上的传统就是"学做人"，"正人"与"行理"的统一。而这一切又成为中华民族评价个人、集体、国家之间关系的准则。这种准则的形成、延续与认同已有几千年历史。

在由传统社会向现代社会转型的过程中，教育的功能将日益突显出来。教育是一种文化财富，随着国际交往增加，世界一体化趋势加剧，发达国家的教育辅助其文化扩张和文化霸权主义政策将不断地渗透到发展中国家，这就要求我们的教师首先是爱国主义者，善于吸取中华民族的优秀文化遗产，继承和弘扬民族精神，为祖国培育热爱祖国、热爱人民、品学兼优、德才兼备的跨世纪人才。

2. 科学要求

科学是人类文明的最绚丽的花朵。"科学精神就是科学文化的深层结构中所涵括的一套价值和规范的复合体，它具体表现在科学信念、科学方法、科学态度、科学道德、科学能力甚至科学法规之中；它一方面约束科学家的行为，被科学家内在化并形成他的科学良心；另一方面，又逐渐地渗入大众的意识深层，被大众内在化并形成他们的科学意识。"[1] 把科学文化转化为学生所认知所把握的课程、教材，是教育的一项基本任务；培养学生的科学精神，培养学生的健康人格，这是教师人格的内在要求。

科学的生命力在于创新。创新是一个民族的进步的灵魂，是国家兴旺发达的不竭之力。与社会其他职业劳动相比较，教育劳动最富于创造性，教师工作是一种创造性的劳动。在由传统的应试教育向现代的素质教育转轨的过程中，更应强调现代教师的创新开拓能力，面向世界，面向未来，面向现代化，以适应现代教育和未来社会的需要。

科学是人类智慧、理性和文明的重要标志。学校是文明的传播地，学生应是推进社会改革、促进社会进步的主体，教师不仅要传授给学生知识，还要教给学生如何做人，弘扬科学理性，树立科学的世界观、人生观、价值观。

3. 时代要求

面向未来，面向世界，全国上下都在为实现经济发展和社会进步的宏伟目标而努力奋斗，都在思考怎样才能在新世纪更加激烈的国际竞争中不败。竞争的优势在人才，人才的培养靠教育，教育的关键在教师。教育是人的发展的主要途径，是人类走向未来的通道，是社会和经济发展的首要推动力，是科技发展和知识普及进步的贡献者。因此，优先发展教育和培训高水平的教师，实际上已经成为参与国际竞争的一项先导性的战略措施。

未来世界范围的经济竞争、综合国力竞争，说到底是科学技术的竞争和

---

[1] 郑斌祥. 科学文化与现代化 [J]. 自然辩证法研究，1988.

民族素质的竞争。实现经济增长方式从粗放型向集约型转变，其中一个非常重要的方面是把经济建设真正转到依靠科技进步和提高劳动者素质的轨道上来。提高全民族的素质，迫切需要培养和造就千百万优秀的人民教师，去促进未来公民在德、智、体等方面获得全面的发展，继承和发扬优秀的民族文化传统，去借鉴和传播人类社会一切文明成果，去树立和培育新时代的民族精神。学校师资素质，不仅直接影响着中小学生的素质，而且对社会也会产生很大的影响。这种影响还可以通过中小学教师主动参与科普，参与社会教育、社会活动，从而对所在社区的物质文明和精神文明建设做出更大贡献。因此，优秀的教师，就是开发人力资源的科学家、专门家。

4. 职业要求

从孔子讲学到延续几个世纪的书院教育，在学者办学、学者从师、如何为师、如何育人等方面都留下了我们民族尊师重教、精于师道的育师经验，成为我们塑造现代教师人格的一份宝贵财富。

在师德方面，教师职业要求教师具有渊博的知识，学而不厌，勇于创新，刻苦学习，追求真理，专博相济，深广结合，钻研业务，认真施教，以扎实的专业知识和现代的教育思想搞好素质教育。

在师能方面，教师职业要求教师具有娴熟的教师技能，懂得教育规律，掌握现代教育的内容、方法和技术，讲究教学艺术，把握教育分寸，提高教育质量。

面向未来的教育，将更加重视基础教育，重视素质教育，重视教育的机会均等。因此对未来教师的人格素质将更加强调以时代精神为主体的师德素养，以学术性、师范性和人文科学知识为内涵的文化修养，以开拓创新能力为核心的能力结构，以心理健康为标志的身心素质。教师队伍将呈现出高学历化、教师职业的专门化和在职进修的制度化。

（二）教师人格的构成要素

基于上述四种要求，教师人格由如下一些基本要素构成。教师劳动的知识性、专业性、艺术性、复杂性、长期性、示范性与创造性的特点决定了教师人格构成的特殊性。从上面阐述中，我们可以看到，教师人格是顺利完成教学任务、培养学生健康人格所必须具有的身心的相对稳定的潜在的基本品质。其本质特点是指教师自身的人格特质，即教师个性发展的总水平。其构成要素主要是教师的文化知识素质、道德素质、心理素质、外貌气质等。其中道德素质至关重要。

1. 道德素质

师德是教师人格的重要组成部分。教师道德是一种职业道德。教师的职业道德，简称"师德"，它是教师和一切教育工作者在从事教育活动中必须遵守的道德规范和行为准则，以及与之相适应的道德观念、情操和品质。我们所认为的教师的道德素质并不是指规范、准则本身，而是教师把这些规范、准则逐步内化，成为教师从事教育事业的准则。教师基本上都知道教师道德，但许多教师并没有把道德规范、准则内化，因此，他们在实际教学中表现出言行不一致性。例如，在相关人士的专业调查中发现，如果你问老师："你体罚学生吗？"95％的老师的回答是："没有！"但在实际教学中，有些老师就有体罚学生的行为，说明这些老师并没有把道德准则内化，表现出言行不一致。由于教师所从事的职业是教育人、塑造人的事业，因此，教师道德素质比教师文化素质更为重要。教师道德是教师人格的灵魂，即"师魂"。

师德是教师人格特征的直接体现。在教育中，一切师德要求都基于教师的人格，因为师德的魅力主要从人格特征中显示出来，历代的教育家提出的"为人师表""以身作则""循循善诱""诲人不倦""躬行实践"等，既是师德的规范，又是教师良好人格的体现。在学生心目中，教师是社会的规范、道德的化身、人类的楷模、父母的替身。他们都把师德高尚的教师作为学习的榜样，模仿其态度、情趣、品行，乃至行为举止、音容笑貌、板书笔迹等。

儿童、青少年接受知识的过程中，正是个性与品德形成时期。尽管社会环境、家庭等因素对儿童、青少年的个性形成和品德发展具有一定的影响，但许多研究表明，教师的作用最大。教师的影响主要通过两方面显现，一方面是通过一定的教育内容、教育方法对学生的影响，另一方面是通过教师本人的人格特征、言行举止等对学生的影响。在儿童眼里，特别是在年龄相对较小的儿童眼里，教师的行为一般都是正确的，教师的话一般都是对的。由于儿童好模仿，因此，教师的言行就潜移默化地影响着儿童的个性、品德的发展。例如，在相关研究观察中发现，在小学阶段，如果这位班主任连续带了两年，那么，这个班的学生说话的语气、语调、办事风格在很多方面与班主任有类似之处。

从社会的角度看，一个民族的群体都是一个一个的个体组成的。每个个体的道德风貌反映出整个民族的发展水平。一个个体的许多道德习惯、道德品质都是从小形成的，每一个人从儿童开始所形成的道德观念、行为习惯、世界观等，都与教师的决定性作用有关。尽管社会风气、家庭环境对儿童的道德品质的形成有一定影响，但无法代替教师的教育。因为，教师的教育具有长期性和系统性，无论是德育内容、德育方法，还是德育手段等都会长期而系统地对学生产生影响。其次，教师的教育具有科学性。儿童的许多行为习惯的培养，教师都是根据儿童成长的规律有计划、有步骤地进行的。最后，人生最初的二十几年是决定和影响人的一生的发展，是道德观念、行为习惯形成的关键期，而教师是关键的影响因素。教师的主要职能是培养未来的人才。这些人才毕业后分布在全国各条战线上，对整个国家的文明建设起到重要的推动作用。所以，把教师提到推进社会向前发展的高度来认识，具有重要的现实意义和深远的历史意义。

师爱是师德的核心。教师对学生的爱，简称为"师爱"，是师德的核心。在一定程度上，热爱学生就是热爱教育事业。热爱学生并不是一件容易的事，让学生体会到教师的爱更困难。在教师人格特征的相关专业研究中，涉及教师的师爱问题，在 5 所学校，随机抽取 120 名教师，问："您热爱学生吗？"90％以上的被试者回答"是"；然后向这 120 名教师所教学生进行调查："你体会到老师对你的爱吗？"回答"体会到"的仅占 10％。这说明要让学生体会到老师对他们的爱并非易事。林崇德教授认为，"疼爱自己的孩子是本能，而热爱别人的孩子是神圣！"因为教师对学生的爱"在性质上是一种只讲付出不记回报的、无私的、广泛的且没有血缘关系的爱，在原则上是一种严慈相济的爱。这种爱是神圣的。这种爱是教师教育学生的感情基础，学生一旦体会到这种感情，就会'亲其师'，从而'信其道'，也正是在这个过程中，教育实现了其根本的功能。因此，师爱就是师魂"。

我们有的老师，就没有让学生体会到他们的爱。

例如，有一位中学老师，他从初一开始接了一个班。班中有一名学生，上课从来不举手，即使老师点名，她也不发言，到了初二第二个学期，她还是如此。有一天，老师为了让她发言，就想出一绝招。老师首先叫这个学生站起来回答问题，而这名学生虽然站起来了，可是头是低下的。老师说："请你抬起头来，往前看，看见了什么？"这名学生轻轻地回答说："我没有看见什么。""你再仔细看，看见了什么？"学生还是摇摇头，老师就指着黑板问："这是什么？""哦，这是黑板。""对，你的前途就像黑板一样黑！"老师回答说。

从老师的出发点来说，他也许是为了关心学生的学习，可是，这一句话，不仅伤害了那名学生，而且伤害了全班学生的自尊心。

教师对学生的爱体现在诸多方面，而其中关键的地方就在于如何对待犯错误的孩子。

有一名学生经常缺课，老师把他告到校长那里。校长是一位有心的教育家，通过调查，他了解到这名学生常去街上打台球。有一天，这名学生又逃课了，于是，校长就跑到街上的台球摊去找他。发现这名学生后，校长也不吭声，而是静静地看学生聚精会神地打台球。学生一抬头看见校长，赶紧放下球杆，背起挂在树枝上的书包，跟着校长走。路上，两个人一句话也未说。回到学校，校长手向教室一指，学生一溜烟地跑进教室上课去了。

以后几天，校长也不提这事儿，下课也不找他谈话。这名学生一直忧心忡忡、情绪低落，后来实在憋不住了，就抱着"死也要死个明白"的心理去找校长。"校长，您什么时候批评我呀？"校长平静地说："不必了，你现在不迟到，不旷课，也没有犯其他错误，我批评你啥呢？"听了校长的话，他如释重负地笑了。

多年过去了，这个学生考上了上海交通大学，他在给校长的信中说："如果您当时骂我一顿，我也许早就忘了。您越是不声不响，我自己想得越多，越感到压力大，越感到对不起父母，对不起您，越觉得应该改正错误，好好学习。"

故事中的校长就很有爱心，他不是以批评学生、惩罚学生为乐，而是以促进学生改正错误为基本目的，只要学生改正了，就不予追究。

师德是教师职业理想的翅膀。教师的心理素质是在教学活动中表现出来的心理特点。它由四大系统构成：动力系统，人格特征系统，操作系统和监控系统。每一大系统既有各自的特点和作用，又紧密地联系在一起，相互制约，相互影响。教师的动力系统包括教师职业的兴趣、动机、信念、理想等。因此，理想是教师动力系统的重要内容。

理想是一个人的奋斗目标，是个体所向往的或所要模仿的事物或人的主观形象。教师的理想具有不同的表现形式和层次。有的把个人发展作为奋斗目标，有的把多培养出优秀人才作为奋斗目标。由于理想的层次不同，因此在教学工作中产生的动力也不同。那些具有为社会的发展与进步而努力奋斗的教师、具有高尚师德的教师，才具有长远而高尚的理想，由此产生的动力就很大。他们不为眼前利益所困惑，呕心沥血，对教育事业执着追求，贡献出自己的全部。

2. 动机因素

从教师人格构成要素来看，师德是教师素质的核心，而决定师德的关键则是教师的动机因素，这在教师的人格构成中占有重要的地位。判断一位老师的优劣，除了看他或她怎样教书外，再就是看他或她为什么要当老师。这是教师教学的内在动力，这是隐藏在教师教学行为后面的推动力。如果虽有这个推动力，但不是那么强劲，或者动机不是那么合适，不但老师的教学会受到影响，学生的学习也必受殃及。

什么样的老师最有魅力，学生最有发言权。矿矿在他的《放飞美国》（接力出版社，2001 年 2 月出版）一书中谈到了他对教师的看法，如果把教师们的内在动机排一排队，可以发现教师大致有四种不同的类型。

第一种教师，"以谋生为目的"。这种教师视教书为谋生的手段，是一种赚钱的、养家糊口的职业，只要能把饭菜放在家庭的饭桌上，什么学生、学校、教书都是次要的。在这个充满竞争的社会里，这种动机可以理解。但是对于教师来说，这种工作动力不可能带来什么好的教学结果。当然，也有些为生存而教学的老师干得很不错。他们知道如果干得不好，就会丢掉饭碗，但由于是"被迫而为"，总会有某种心灵的缺陷，缺少内在的动力。

第二种教师，"以自傲为动力"。这种教师往往知识渊博，功底深厚，只要能满足其"自傲"的心理，他就很愿意与他人分享他们的知识。他们追求的是发现自我，证明自我，并从中得到满足。这类教师工作会很努力，可能会很出色。他们自傲的原因是因为害怕失去面子，但问题是学生们往往又最爱挑老师的不是。面对"不听话"的学生，这种教师很容易失去耐心。也就是说，自傲也可能会使教师走上不成功之路。

第三种教师，"以教育为己任"。有的教师以改造人的责任感来教书，他们在教书的过程中很注意用个人的人格力量去改造人。他们不仅向学生传授知识，更重要的是试图告诉学生怎样做人，他们往往以能影响、改变学生的生活轨道为乐趣。这样的教师很容易辨认，他或她很可能会把正常的课停一停，给学生讲一些世界名人的社会生活之类的东西。如果有一天，学生从课堂里走出来的时候，它总是让自己不断地去思考，去寻求结果，那么可以肯定这名学生遇上了一位好老师。

第四种教师，"以爱为根本"。以一种养育自己孩子的心态去教育学生的教师，是有着强烈天赋爱心的教师。他们是那种可以让你像信任父母那样去信赖的人，应该说他们是最难能可贵的人，但是在现实中你很难遇到这样的人。

不同的动机决定了教师不同的师德表现，所以判定教师的师德水准，一定要看他的动机因素。

（三）教师的人格魅力

1. 含义及表现

人格是个体精神面貌之所在，生命的品位、灵魂的境界，取决于人格。而教师的人格既含概群体共有的普遍性心理品质，又包括每位教师作为独特的个体所别具的风格和气韵。前者是教师人格的基本构成，具有公共性和稳定性；后者是教师人格的独特构成，具有特殊性和个性化倾向。两者合成了教师鲜明与丰富的人格魅力。所谓魅力，《现代汉语词典》解释为："很能吸引人的力量。"人格魅力并不是一项单纯的性格或特质，而是多方面能力的综合呈现，表现为一种吸引力与影响力，它是一种人际互动中情绪的激荡与传达，是一种缘自个人性格的行为表现。教师受社会的委托对受教育者进行专门的教育。在社会发展中，教师是人类文化科学知识的继承者和传播者；对学生而言，教师又是学生智力的开发者和个性的塑造者。教师的人格特征"蕴蓄于中，形之于外"，在教育、教学过程中，在师生相互的交往过程中，教师对学生产生的吸引力和影响力就是教师的人格魅力。一个出色的教师，他的人格魅力就在于他能使不具有审美眼光的人拥有一双发现真善美、感知真善美的眼睛，使不具有审美心灵的人成长出一颗同美的节拍跳动一致的美的心灵。说到底，教师的人格魅力就是教师身上那种艺术化的吸引力、迷惑力、诱导力、感染力、感化力等征服人心的力量的总称。

奥斯特洛夫斯基认为，人的美主要不在于外貌和服饰，而在于他的心灵，要是没有内心的美，我们常常会厌恶他漂亮的外表，很显然，人们的审美情感是倾向于内在的人格魅力。教师的人格魅力占有重要地位，服饰打扮固然是形成教师魅力的重要因素，仪表风度固然是教师魅力的组成部分，但是决定教师魅力的根本方面还是教师的人格，所以教师的人格魅力至关重要。教师人格魅力的内涵是指教师在从事教育教学职业活动中所产生和体现出来的人格美，其核心是对教育教学事业的热爱，对学生的热爱。托尔斯泰认为，把热爱教育事业和热爱学生结合起来，是教师必须具备的最重要的品质。他说："如果教师只有对事业的热爱，他将成为一位好的教师。如果教师只要有像父母亲一样对学生的热爱，他会比一个读遍所有的书，但既不热爱事业，也不热爱学生的教师好。可是如果教师既热爱事业，又热爱学生，他就是一个十全十美的教师。"

优秀教师是那些在现实中真正关注自身和学生发展，具备良好的心理素质、创新精神、实践和协调能力，能在教育实践中充分发挥自身潜能，实现自身价值的教师。优秀教师具有非凡的人格魅力。教师的人格魅力主要表现在教师的理想精神、敬业态度、情感立场、道德情操和意志品质等方面，代表以塑造民族未来为己任的职业群体价值取向。一个优秀教师的人格往往表现出热忱关怀、真诚坦率、胸怀宽广、作风民主、客观公正、自信心强、耐心细致、坚韧果断，热爱教育事业这些特质，归纳起来有如下几个方面：第一，教师对世界和人生所持有的不同凡响的理想精神与敬业态度，教师超越功利、超越自我的纯洁的道德品格。第二，教师和谐的人际关系和较强的协调能力。人格是在人与环境的相互作用中形成的，因此，健康和谐的人际关系不仅是教师人格魅力的重要内容，也是教师形成人格魅力的重要途径。同时，教师的工作并不是孤立的，而是有着广泛的社会联系的。因此，教师除了要与周围的人建立良好的人际关系外，还得具备协调各种关系的能力。具备和谐的人际关系和较强的协调能力的教师，在教育教学活动中表现为愿意与家长及其他教师交往，与人相处多表现出尊敬、信任的积极态度，因而也能得到别人的尊重与接纳。同时，善于将各种关系组织起来，共同为培养学生的健康人格服务。第三，教师有力的自我调控系统。自我调控系统是教师人格中不可缺少的部分，它包括积极正确的自我认识和对他人的认识，良好的情绪调控能力及坚忍不拔的意志力。自我认识是个体对自己和对自己与他人及周围世界关系的认识，有正确自我认识的教师，能恰当地评价、接受自己和他人，能控制和掌握自己的命运。库姆斯在其著作《教师的专业教育》中曾归纳出优秀教师看待自己的方式：认为自己与他人打成一片，而不是与人疏远、隔阂；认为自己胜任工作；认为自己可靠；认为自己是人们所期盼的；认为自己是有价值的。另外，优秀教师对他人的认识也是非常积极的，具体表现在：对别人（学生、同事、家长及管理员）持更为肯定的态度；认为他人是友好的，有自己的权利；对民主的课堂秩序持更为肯定的看法；有能力从别人的角度看问题；认为学生只要得到信任、尊重和肯定，就可能把事情做好。第四，教师对待学生的情感立场。情感是影响人的身心的强大的精神力量，在人的工作、生活中起着调节作用和感染作用，也是教师人格的重要组成部分。所以，优秀教师都十分重视情感培养，在教育实践中保持良好的心境，对待学生要热情、真诚。研究表明，富于同情心、充满热情的教师往往有良好的师生关系。当教师充满热情并多方鼓励学生时，学生更富有创造精神。此外，优秀教师还特别注意理智感、道德感、美感等高级情感的养成，因为这些情感对教师信念、价值观的形成具有重要的作用。但是，教师仅有健康积极的情绪、情感体验还远远不够，还必须具备良好的情绪调控能力；不但要使自己经常保持愉快、满足的心理状态，而且要能合理地排解消极的情绪，同时，要能控制和掌握学生的情绪、情感，共同为成功的教育创造健康的环境。第五，凡是立志有所作为和有所建树的教师，也都具有忍辱负重、含辛茹苦的超常意志，以接受教育生涯中的万千挑战和考验。对于从事艰苦而繁重的育人工作的教师来说，坚强的意志力更是必不可少的。因此，教师应从意志的自觉性、果断性、坚持性和自制性等四种基本品质入手，积极培育自己坚强的意志力。坚忍不拔的意志力不仅能保证教师面对烦琐的工作不退缩，而且能使教师理智地保持对学生耐心、和蔼的态度，更重要的是，要为学生树立良好意志品质的师表。

教师群体的基本人格呈现着其总体价值取向和理想化的精神风貌，而作为具体而现实的个体，每位教师均有其人格表现上的独特性和个性化倾向。我们应当充分认可并鼓励教师人格表现上的独特性和个性化倾向，使其自觉意识到它存在的合理价值。诸如豁达大度、昂扬乐观、平易亲和、风趣幽默、多智善断乃至才情奔放等等，这些特质将赋予教师个体生命以鲜明的本我色彩，性格是人格中的核心因素，最能反映出教师人格是否完美。

语文教学界的人们非常熟悉的陈钟梁老师，就是一个具有独特个性的魅力教师。

永远的语文老师

2011 年 1 月 5 日星期三傍晚 6：08 分，我正开着车子往家里赶，手机响了，接起电话，对方说道："我是陈钟梁的儿子。"一听这话，我心里一紧，因为陈钟梁的儿子从来不会给我打电话，他的语气中满含悲伤。我本能地问了一句："怎么啦？"对方说："我爸爸今天上午走了……"

我一下子觉得天昏地暗，心沉下去，好久缓不过气来。

我和陈钟梁老师交往的一幕幕情景立刻浮现在眼前。

1991 年我在《语文学习》杂志上发表了一篇和魏书生老师商榷的文章，当时我的确年轻，许多人认为我不知天高地厚，讽刺挖苦者有之，背地里非议者有之，自己觉得颇为孤独。没有多久，陈钟梁老师在《语文学习》上发表文章《喜读〈语文学习〉争鸣篇》，对我那篇文章给予充分肯定。陈老师站得比我高，分析透彻，一语中的。那时候，陈老师已经是全国非常著名的语文教师，他与我素不相识，却无形中给予我精神的慰藉和支持。从这个意义上说，他就是我的老师。这以后，我比较关注陈老师的文章，觉得他的文章总是站在时代的前列，立意新而且温和，容易为人接受，给人思想的启迪，却没有教训人的味道。

1994 年我调进上海建平中学，也时常参加一些语文活动。我不善言辞，尤其是生人比较多的时候，常常无话，但每每陈老师在的时候，我都愿意倾听他的话语。陈老师善于表达，人很聪明，有他在场，绝对不会冷场的，听他谈论语文界的人和事，听他谈论语文教学改革，听他谈如何上好语文课，令我非常钦佩。他那时已经是语文特级教师，又担任上海市教研室副主任，但从来没有盛气凌人的样子，和蔼地说话，慢慢地谈事，不知不觉你就会觉得他很好接近。

后来他真的做了我的老师，那是 1995 年的样子，我被上海教育学院中文系破格吸收为上海市市级语文骨干教师培训班学员，陈老师给我们上课。他很有思想，也很幽默，他讲课时一如他平常的谈话，语速缓缓地，从不念讲稿，估计他平时上课也从来不写讲稿，只有一本普通得不能再普通的小笔记本，需要的时候就翻翻他的小笔记本，里面记录了许多有趣的事例。他身上有很多幽默细胞，一件很普通的事情，他能讲得大家哈哈大笑，而他自己仍然是淡淡的，不慷慨，更不激昂。我给陈老师这种幽默定义为"陈氏轻幽默"，语文界的不少同仁非常认同。

陈老师的穿着也很有意思，他不太穿一本正经的西服，喜欢休闲服装，常常穿一种身上有许多口袋的衣服，一副很年轻、很新潮的样子。我们有时也和他开开玩笑，他常常认真地说这是记者服，一边说，一边把衣服展示给我们看，很认真地介绍这个口袋的功能，那个口袋的作用，随即就能够摸出足以证明它的作用的物件来，袖子可以摘下，变成短袖，当然也可以套上，变成长袖，边说边做给我们看。他其实是一个很有生活情趣的人。语文界的人经常喜欢说：文如其人，而我想说：衣如其人。他的着装表现出他的个性：充满生活的情趣，有着年轻的心态，乐观地看待人生，执着地从事着他所热爱的语文事业。有人总结陈老师的特点，说是"三慢一快"，吃饭慢，走路慢，说话慢，思维快。这是我非常认同的，因为我见到的陈老师就是这样。我还听说（只是听说，没有证实）他很会生活，平常特别注意饮食，一顿早餐，就非常讲究，牛奶一杯（间隔若干时间改换豆浆，再间隔多少时间改为稀饭），鸡蛋一个，面包几片，西红柿几个，等等，把吃饭当成艺术来享受。我当时想陈老师一定是长寿的，而且默默祝福陈老师健康长寿。

陈老师退休之后，应建平中学时任校长冯恩洪之邀，担任上海市东方教育中心常务副主任。这个机构就设在建平中学，于是我们见面的机会就多了，他经常会给我们全体教师做报告，他的报告依然彰显出他鲜明而深刻的思想，他也永远是用生动的事例加幽默的语言来阐述，用一种老师们能够接受而且乐于接受的方式来做报告。他是我暗暗学习的榜样，我从一个不太善于言辞的人，成长为常做报告的人，是因为受到了陈老师的影响，当然由于天资愚钝，我永远达不到陈老师那种炉火纯青的境界。陈老师也常来建平中学听课、评课，他的评课很有新意，一堂很普通的课按照他的建议改造，就立刻变为很有创意的好课，所以陈老师在建平语文组是很有人缘的，建平的很多老师都得益于陈老师的帮助、提携。那几年，我们建平中学语文组，只要是有老师要上公开课、竞赛课，试教之时常常就要请他来指点，经他点拨的课，肯定就会得到很高的评价，有些课还得了上海市教师教学大奖赛一等奖、全国一等奖。套用一句俗话来说：陈老师真的是青年教师的良师益友。

　　一次，我和陈老师一起到某地讲学，途中我们说起语文，说起语文教育界的种种事情，我们痛感当下一些人为了一些个人名利争来斗去，很没有意思，不去做一些实实在在帮助一线教师的事情。当时，陈老师就提议：由你来牵头成立一个语文教师组织，这个组织没有名利，不设理事长，不收一分钱，办一些切切实实帮助语文教师的事情。他还说：你不要担任这个组织的任何一个"职务"，那么别人就不会争什么职务，你不要一分钱报酬，别人也就不会要一分钱报酬。我听了他的话，2003 年和浙江、江苏、安徽、上海的同道好友一起组织了一个没有名利的组织，这个组织的名字还是陈老师取的——新语文圆桌论坛，直到今天我们已经坚持了八九年，组织了 13 次活动，而且一直坚持不拿报酬，不设"职务"。有些老师开玩笑地叫我坛主，我十分严肃地拒绝了。

　　后来我担任建平中学的校长，他仍然十分关注建平的课程改革，关注我个人的成长。记得他曾两次给我写来长信，在我感到困惑的时候，给我指导，在我遭遇挫折、不顺利的时候给我精神的鼓励。最后一封信是去年暑假给我写的，洋洋洒洒有四页信纸，充满了关怀，充满了真诚。他不仅给我写信，还给我打来电话，长时间地跟我交流。我内心真的很是感动，我嘴拙，说不出感激的话，但我内心是很有数的，他是在热心地帮我，为了我，也是为了语文教育事业。

　　一两个月之前，我还听某个地区的教育行政官员说起陈老师，他在为他们当地的老师开讲座，做报告，指导教师上课。他还亲自操刀为老师上示范课，他的课贯彻了新课程理念，朴实无华，充满睿智……听到这些话语，我真的为陈老师感到高兴，一个 70 多岁的老人，仍然不知疲倦地为语文教育事业奔波，而且得到了那么多教师的信任和喜爱。我当时以为陈老师一定还能为语文教育工作好多年呢，谁知今天他就离我们而去了，痛哉，痛哉！

写着写着，陈老师穿着记者服的形象就呈现在我的眼前，那么熟悉，那么安详，那么亲切。陈老师，你是永远的语文教师！

谨以此文悼念陈钟梁老师！

〔程红兵. 永远的语文老师. 中学语文教学，2011.〕

陈钟梁老师是个性鲜明、具有人格魅力的教师，他既具备适应学生和教育工作所需要的良好性格特征，也具有他自己的独特魅力。教师较强的教学能力只有与良好的性格特征相结合，才能密切师生关系，达到情感共鸣，从而产生最佳的教学效果，并且也将有效地感染和影响学生个性的形成。教师的人格魅力是基于其拔萃的人格构成而升华起来的，通过长期的教育实践而形成和发展的独特的感染力、影响力与号召力之总和。

2. 价值和作用

巴班斯基的研究发现："较好而又迅速地掌握最优化思想的教师有着一系列显著的个性特征。"教师的人格特征是影响学生人格和学业成绩的重要因素。浙江师范大学的潘涌教授对教师人格魅力的作用做了比较全面的阐发，他认为：

"教师人格魅力对学生学业的发展具有激励价值。教师那种高昂的理想精神、虔诚的敬业态度以及为达成教育目标而表现出来的强烈求知欲，本身就是鼓舞学生好学上进、发奋开拓的无声召唤。当学生仅仅为了升学考试而学习，其动力仅来自生命的外部，是一种游离于人的心灵需求的'外部学习'；而学生受教师崇高的理想和敬业精神的深深激励，并转化为一种洋溢在胸中的内驱激情，就能长葆求学创业所必备的奋进状态，从而形成外在行为与心灵渴求合二为一的'内部学习'。后者将使学生不因环境的安逸、压力的减轻而放弃自觉的理性追求。而在这种学习类型的转化过程中，教师的理想精神和敬业态度就起到了激发学生高尚的学习动机和价值观的重要作用，这种因师生日常相处而对学生灵魂所显示出来的无形的'感动'和震撼作用，比课堂上人生观教育所运用的语言力量更富有魅力。"

"教师人格魅力对学生情感优化具有陶冶价值。尤其是教师超越狭隘功利的、无私的、纯洁之爱，能使学生产生饱满积极的情绪体验，获得一种澄澈明朗的美好心境。"马斯洛在需求层次理论中指出：人们在满足了生理、安全需要之后，继而产生一种爱和归属的需要。爱是人们身上普遍存在的，人是不能离开集体环境的，在集体中人既需要别人爱自己，又需要自己爱别人。一个人在入学前主要是在父母的关怀教育下成长，他们在父母那里得到爱，心理得以健康地发展。进入学校后，教师成为他们生活中最重要的人。"既然在成长中教师是继父母之后的第二个影响源，那么，他们会自然地将与父母交往中产生的情感、期待和爱的要求转移到自己的教师身上，伴随着师生课堂内外交往增多，在'校园情感场'这个特定情境中所产生的心灵和谐共振也会得到强化。这里，教师的举手投足、一颦一笑均能点燃学生情感的火花，久之，使他们对师长形成强大的向心力和深厚的归属感，并迁移为热爱学习、探求真理的优美情愫。而且，更进一步将教师的这种情感立场上升为自己立身处世的行为准则，从而确立相应的关爱他人和尊重他人的情感态度。"

"教师人格魅力对学生道德升华具有示范价值。教师那种磊落的胸怀、突破功利羁绊的道德人格，无疑对作为道德主体的学生具有显著的示范价值。其道德行为和渗透其中的道德理念对学生构成了生动的德育主导因素，使其能自觉意识到要按照教师所显现的具体可感的道德规范去校正自己的道德信念。如果缺乏道德人格的'经师'，只是以空洞无力的道德说教，从外部制约学生的道德行为，那就不会使学生有动力对灵魂做自我审视和自我反省，更不会主动用活生生的道德标准衡量自己的道德行为并做自我调节，恰恰相反，难免会出现时下并不罕见的德育中的逆反心理。"

"教师人格魅力对学生意志强化有促进价值。教师在诱发学生潜力、倾心将其培养成材的教育进程中所表现出来的坚韧意志力，必然会拨动教育对象的心灵之弦，激荡其血肉之躯中的浩浩阳刚之气。当学生渐渐浮出混沌的岁月，探出自觉的头颅和清醒的眼睛，更深切地感受到托举生命者的坚强与刚毅，并把这种对意志力的心灵体验内化为自己谋求自主和自动发展的不可摧折的意志，从而在自己的人生和事业进程中表现出为达成既定奋斗目标永不气馁、锲而不舍的意志穿透力。"

[潘涌.论教师人格魅力与校园隐蔽课程.中小学教师培训，2004（12）.]

有关研究表明，教师人格魅力对学生的影响是全方位的，教师人格魅力对学生品德的确具有定向作用，在教育活动中，教师的为人处世、治学态度、一言一行、一举一动都会引起学生的注目，而且会对学生产生直接乃至深远的影响，教师活动的示范性决定了以身作则、为人师表是师德规范之一。正如孔子所说："其身正，不令而行；其身不正，虽令不从。"古人云，"以身立教，其身亡而其教存"，反之，"其身虽存则其教已废"。这两句话都说明了以身作则、为人师表的重要性。教师要做"人之模范"，引导学生在知识的海洋里遨游，走上正确的人生道路。青少年具有模仿性强、可塑性大的特色，因此，教师在进行思想品德教育时，特别要做到以身作则，言教与身教的一致。学生有天然的"向师性"，特别是小学生，把教师的言行奉为准则和标准，开口就是"这是我们老师说的"，闭口就是"我们老师也这么做"，言下之意，他们老师的言行都是真理。教师的言行举止必须符合规范，必须有较高的修养、高度的思想觉悟，因为教师的品德会潜移默化地影响学生品德的养成。我国古代教育家董仲舒说："是故，善为师者，既美其道，德慎其行。"从教师职责的角度而言，对学生精神上的引导和点化尤为重要。德国教育家韦伯在他的艺术教育观中把教师比喻成艺术家，他要求教师必须有艺术家的才能，学生对于教师而言，如同作品之于艺术家，必须要挖掘其中的内涵，以赋予他们真正的价值与力量为使命。其实让我们换一种角度来说，如果说学生是一座座灯塔的话，老师的职责不是不辞辛劳地在里面堆积货物，而是应该做点亮灯塔的人。

当年十几岁的中学生阿尔贝特·施韦泽在回家过圣诞节的时候带回一张糟糕透顶的成绩单，对此他的父母真的是一筹莫展。在这以前，施韦泽夫妇已经因为孩子成绩的问题被校长邀请过。他们的孩子不是不聪明，但是面对自己的功课总是打不起精神来。写作与计算让他觉得没意思，他的注意力放在了自然、动物和音乐上。父母实在不知道该用什么方法使这个整天心不在焉、注意力涣散的孩子认认真真读书，总觉得缺少一种可以使他觉醒的力量。但上帝似乎听到了施韦泽夫妇的祈祷，当他们的孩子遇到维曼姆博士以后就发生了改变。维曼姆博士具有的是德国优秀教师的典型品质，他精心备课，把课程安排得有条不紊，对内容熟悉透彻的把握使他在教学中游刃有余。维曼姆博士高度的敬业精神还表现在一切细节上，连作业本都是严格地按时发回。正如阿尔贝特·施韦泽所认识到的：维曼姆博士是履行义务的榜样。老师身上精神的魅力终于使他受到感染。施韦泽明确意识到了自己作为一名学生，也担负着做学生的使命。他于是极力效仿老师，开始了自己勤奋学习的生涯。很快在维曼姆博士的帮助下，他拿到了令人满意的成绩单。若干年后，阿尔贝特·施韦泽陆续获得了哲学、神学和医学的三个博士学位，并成为人们所景仰的文化哲学家、神学家、音乐家和音乐理论家。他还在非洲赤道丛林中建立诊所，为当地人义务行医，这种崇高的献身精神和博爱情感使施韦泽于 1952 年获得了诺贝尔和平奖。

如此伟大的人物和辉煌的成就，在他成长的历程当中也要得益于教师的陶冶。维曼姆博士就是点亮阿尔贝特·施韦泽这座灯塔的人。维曼姆老师在把施韦泽引向一条学习之路的同时，也让学生意识到仅仅敢于幻想是不行的，还要有脚踏实地的行动；仅仅有爱心也是不行的，还要有责任心。

教师的人格魅力对学生智能的提高有积极作用。教师若具备高尚的献身精神、教书育人、为人师表等品德，就会勤奋学习，刻苦钻研，不断改进教学方法，端正教学思想，为学生智能的发展提供根本的保证。一个勤奋学习、治学严谨、遵循规律、教书育人的教师，必然会认真钻研教材，深入了解学生，严格按照教学规律进行教学，使教学具有科学性、知识性、发展性，促进学生智能的发展。如果没有献身精神，缺少勤奋学习、严谨治学、勇于创新的优良品质，就会放松或放弃教学研究，放低对自身的要求，当一天和尚撞一天钟，敷衍塞责，应付了事，欺骗学生；就会满足现状，不思进取，思想僵化，见解陈旧，知识老化，这样不仅会"误人子弟"，甚至要"误国误民"。一个热爱学生、关心学生、尊重学生的教师，能提高学生学习的兴趣，增强学习的信心，增强学习的自觉性，诱发学生的创造力，从而促进学生智能发展。如果师生之间心理相容，感情真挚，学生对教师就会更尊重，对教师的教学也易于接受。当学生来到集体之中，亲身感受到一种轻松、愉快、亲切的气氛，就会保持积极的情绪和强烈的求知欲望，思维清晰，反应敏捷，获取知识当然也就能够比较迅速和有效。即使学习上遇到困难，他也愿意动脑筋想办法去解决，因为他把在教师指导下进行学习看作一件愉快的事情，这样就有利于学生智力的发展和能力的提高，有利于提高学习效果。

　　教师人格魅力对教育效果的提高有积极作用，教师对学生的人格教育应该更多地加以精神引领和情感感化，应该更多地将其渗透到学科教学中，做到文道统一。例如语文学科是工具性与人文性的统一，它既是一门知识学科，也是一门育人学科，可通过具体的文章对学生进行潜移默化的教育。假如将人格教育的内容比作盐，把文学作品比作菜肴的话，就应把盐放在丰富多彩的菜肴中，让学生自然吸收进去，而不是让学生大把大把地吃盐。教师除了把学科的知识传授给学生外，还要引导学生理解其中深刻的思想内涵，体味高尚的道德情感，因而教师自身的品德修养、人格力量似乎更为重要。执教者思想素质的高低，往往决定教学效果的优劣。即使是同一篇文章，不同的教师执教，也会产生不同的教学效果。这不是文章本身的问题，也不仅仅是执教者本人业务水平和能力的问题，而是执教者人格修养、道德素质在起作用。许多人念念不忘自己的老师，不仅仅是敬佩教师的才学，更重要的是敬仰老师的人格品质。《藤野先生》中的藤野先生，《最后一课》中的韩麦尔先生就是典型的例子。

　　有研究者做了专门的实验研究，研究结果表明：第一，教师言行一致，遵守规章制度，对学生的影响只是一种表率作用。对照组所有的学生和实验组学习较好的学生，从预备铃后的行为表现来看，实验前后的变化好像都不大。在实验前后，行为表现有变化的，都是实验组学习困难的学生。由此可知，像遵守规章制度等具体的行为表现，教师只是对学习困难学生有影响。学习困难的学生似乎更需要在学习教师的行为中，获得教师的肯定和表扬，寻求摆脱因学习不好而产生的种种压力。第二，教师的工作态度和工作表现对学生的学习态度和学习表现的影响，从实验的结果看，是很明显的。教师在工作态度和工作表现上的示范，能使学生对此感到非常具体而可琢磨，有助于学生学习态度和学习表现的转变。因此，在实验中，实验班的教师教案规范、清洁、工整，并与学生优秀作业一起展览，学习好的和学习困难的学生在实验前后作业的变化则明显优于对照班的学生。教师在对学生随意的访谈中发现，在批评学生作业达不到标准时，对照班的学生要比实验班的学生，文饰心理强得多。他们总会找出各种理由来推卸自己作业不规范、书写不工整的责任。第三，教师在师生和生生之间的伦理关系上的品行，对学生的身心发展和社会化的影响，比原来想象的要大。从实验结果看，越是需要合作、充满竞争的集体活动，教师的态度和行为对学生的影响、对集体活动的质量、对竞争胜败的概率，是大不一样的。实验班学生对活动的态度以及其活动的质量，则明显地高于对照班学生对活动的态度及其活动的质量。第四，教师的人格（态度和行为）对初中学生人格的影响，与初中学生人格发展水平有关。教师遵守规章制度对学习困难学生的影响，明显大于对学习较好学生的影响。这是由于学习较好的学生，他们的人格发展水平，一般要高于学习困难的学生。教师在人际关系上的人格表现，对学生的合作与竞争态度的影响，明显大于对学生个体的行为习惯的影响。这是由于初中学生正处在世界观、人生观形成的时期，他们人格发展的水平已是相当高。

　　教师人格魅力为什么会有这样大的价值和作用呢？这要从教师的劳动特点说起。教育是培养人的活动。教师的劳动过程，是人与人之间相互作用的过程。教育活动的本质和教师的劳动过程，要求教师的劳动必须具有正确的示范性。具体地说，教师是用自己的思想、言行和学识，通过榜样示范的方式去直接影响学生的。而青少年又具有模仿性和向师性的特点，这就使得教师的示范作用得以发挥。再从教师劳动的手段来看，按照马克思关于劳动的理论来分析，人类的劳动活动是借助一定的手段来达到其目的的，劳动的性质不同，其使用的手段也不同。一般来说，工人从事的是直接创造物质财富的生产劳动，他们使用机器等物质手段。而教师从事的是非物质生产劳动，他们培养的是人，因此教师使用的手段也不同。教师劳动的手段具有主导性特点，其表现是：教师依靠自己的知识、人格、言行等作为劳动手段。对于中小学生来讲，教师的人格是任何力量都不能替代的最灿烂的阳光。"野蛮产生野蛮，仁爱产生仁爱"，只有人格才能影响人格，只有自己具有美好的心灵，才能使别人的心灵更美好。好的教师，本身就是强大的教育力量。教师劳动过程的特点及其手段的主导性，要求教师应有较高的专业知识水平和健全的人格。现代教育要求教师具有现代人的素质和高尚的人格。

若要最大限度地发挥教师人格魅力的作用，必须通过师生交往来实现，通过交往使教师内在的人格魅力转化为学生良好的人格品质。交往是人与人之间交流信息、相互作用的过程。它有两个最重要的特征："交流信息"和"相互作用"。凡交往必须有人们之间的信息交流：属于认识方面的信息有知识和经验等，属于情绪评价方面的信息则有需要、愿望、态度等。交往还必须有交往双方心理上的接触和相互作用，也就是说交往的双方都是积极活动的主体。师生交往是学校中一种基本的交往形式，而且是在教育环境中进行的。恩格斯指出："相互作用是事物的真正的终极原因"，"物体是相互联系的，这就是说，它们是相互作用着的，并且正是这种相互作用构成了运动"。马克思将"人对人的作用"，也称作"人们的交互作用"或"个人的相互作用"，其实质就是人与人之间的交往活动，交往是造就人的素质，促进人的全面发展的基本途径。人格是在人的交往过程中形成和发展的，教育过程的实质就在于促进和实现人的社会化。在这一过程中，学生初步形成社会观念，选择人生价值。当代人本主义心理学理论认为，人格的发展就是人能动的自我实现的过程，即人的各种内在价值和潜能发挥的过程。因此，这就要求教师在与学生的交往中，信任、尊重和热爱学生，树立正确的交往观念，掌握必要的交往规范，运用一定的交往媒体，改进交往方式，提高交往能力，使其内在的人格力量得以充分发挥，使学生在健康和谐的交往环境中逐步形成健康、完整、崇高的人格品质。

　　人格魅力，是教师最重要的素质。如果有一位学大提琴的年轻人向你讨教一个问题：怎样才能成为一名优秀的大提琴家，你将怎么回答呢？20 世纪最伟大的大提琴家卡萨尔斯的回答是：先成为一名优秀的、大写的人，然后成为一名优秀的、大写的音乐人，再成为一名优秀的大提琴家。

　　同样，如何成为一名优秀的教师，关键在于教师必须先成为一名大写的"人"，必须具有人格魅力，才有资格成为一名教师，再努力成为一名优秀的教师。

　　著名电视节目主持人白岩松曾经讲述过一个真实的故事：

　　一个美丽的秋天，北京大学新学期开学了。一个从外地来的学生背着大包小包的行李走进了校园，实在太累了，就把包放在路边。这时，一位老人正好走过来。这位外地学生就拜托那位老人帮自己照看一下行李，自己就轻装去办理各种手续，老人爽快地答应了。近一个小时过去了，外地学生归来，发现老人还在尽职尽责地看守行李。外地学生谢过老人，两人分别了。

　　几天之后，北京大学开学典礼。这位外地学生惊讶地发现，那一天替自己看行李的那位老人就是在主席台就座的北京大学副校长季羡林教授。

　　人格魅力，才是教师最重要的素质！它不亚于一个博士学位在人们心中的震撼力。而且，人格魅力对一个教师来说是第一位的。一个教师可以没有博士学位，但不能没有人格魅力。

　　学生是教师的一面镜子。北京大学的未名湖里倒映着的是博雅塔的投影，那么在这个外地学生的心里映照着的又是什么呢？不正是季先生的人格魅力吗？

　　人的培养一定是由人来完成的。狼孩的故事告诉我们：从小与狼生活在一起的人绝不会成为健全的、真正意义上的人。如果学生生活在仁爱之中，他将学会爱人；如果学生生活在关爱之中，他将学会善良。反之，如果学生生活在谩骂之中，他将学会敌对；如果学生生活在惩罚之中，他将学会打斗。教育具有两大功能：一是教学生学会做人，成为"人"；二是教学生学会做事，成为"才"。二者合在一起方能叫人才。人才是以人为前提的才，学会做人应是第一位的。仅有高的学历、学位，而缺乏人性、人情、人格的教师，可能会教学生学会做事，但不能教学生学会做人。素质教育就是要完善一个人，提升一个人，这就需要我们首先成为一个大写的人，面对一个在一岁半就又聋又哑又盲的幼儿，我们能想象出她会有怎样的未来呢？你很难想象到她通晓 5 种语言，拥有 14 部著作，你也很难想到她还会骑马、游泳、滑雪、下棋、欣赏古希腊雕塑的美。她就是美国著名女作家海伦·凯勒。人们为海伦惊奇，也为她的老师萨利文赞叹。海伦在《假如给我三天光明》中写道：假如给我三天光明，我首先要端详我的老师萨利文的面容，从她的面部表情上发现她那富有的同情心和耐心，她正是以这种同情心和耐心完成了指导我的艰难任务。这同情心和耐心是什么？这就是伟大的人格，是萨利文老师的最高的学位。

因此，成都李镇西老师大声呼吁：以心灵赢得心灵，以人格塑造人格。苏霍姆林斯基作为一个校长，他每天早晨站在校门口以慈祥的目光迎接每一名学生，他每天下午又站在校门口以眷恋的目光送走每一名学生。他正是以伟大的人格去感化学生，让学生懂得仁爱、友善。他把学生称作"我的孩子"，以此唤起慈祥的母爱，唤起人性、人情和爱心。这些是什么？这些正是苏霍姆林斯基的人格魅力之所在。我国的斯霞、于漪、段力佩、宁鸿彬、李圣珍、魏书生，都没有博士学位，但是，他们有伟大的人格；也正是人格的力量，使他们成为全国著名的特级教师、教育专家和优秀班主任。

优秀的教师其身正堪称典范，为人师表；淡泊名利，乐于奉献。尽管他们物质生活可能一般，但精神生活很丰富。他们待人接物，出以公心，冰清玉洁，胸无尘渣；他们对权贵子弟不偏爱，对贫寒学生更关心；他们对优等生不溺爱，对后进生多亲近，事事时时处处从不把师生关系庸俗化。他们心胸豁达，荣辱不惊；不为"荣"而蝇营狗苟，不因"辱"而低三下四，永远挺直身子做人，是伟岸大丈夫。他们严于律己，以高尚的道德为标尺衡量自身，规范言行；他们不姑息自己的错误，不掩饰小小的失误；说话掷地有声，办事言行一致，为人正大光明，处世廉洁自律。他们团结协作的精神感人肺腑。他们宽以待人，严于律己，常取他人之长，补己之短；他们为同事的成功无不欢欣，对同志的困难鼎力相助；他们提携晚辈，激励学子超越自己；善于合作，团结同仁共操改革；他们正气凛然，疾恶如仇，对社会丑恶现象敢于拍案而起，横眉冷对，绝不丧失人格。

一言蔽之，优秀教师没有卑劣，没有猥琐，坦荡磊落，肝胆照日月。他们以高尚的人格熏陶学生，塑造青少年美好的心灵，把学生培养成大写的人。从他们身上，学生不仅学到了渊博的知识，更获得了终身受益的做人道理，熔铸了道德的丰碑。教师无欲而刚，不怒而威，举止有道，魅力无穷。

有人说得好："教育是人的教育。一个不明白世界是人的世界的人，不配当教师；一个不把学生当作人来培养的人，更不配当教师。"

教师教书育人中的许多困惑，根源就在于人格的失落。只有教师具备了人格魅力，学校才不会是没有心的沙漠，没有爱的荒原；世界也才会变成美好的人间。教师首先要做一个大写的人，用人格的甘泉去浇灌教育和生活的绿洲，倾一腔热血为中华哺育英才，尽一生精力为民族培养栋梁。

第3章

实践：教师人格魅力的完美呈现

泰戈尔在《阿什拉姆学校》中写道：

年轻的心灵中应渗透这样的思想：他出生于一个人类世界，这人类世界与它周围的世界是和谐一致的。

这正是现在的正规学校那种严肃的、傲慢的、高人一等的教育中所忽视的东西。这种教育把孩子们从一个充满奥秘、充满人格启迪的世界中强行拉开；它仅仅是一种纪律规定，它拒绝考虑个性；它是一个设计特殊的工厂，以期获得相同的结果，它沿着想象的平均直线开掘教育渠道，而我们知道，生命之线并非直线。

根据这种观点，生命只有在允许自己被当作死亡、被切割成平均大小的时候，它才是完美的。这就是我上学时感到痛苦的原因。我发现我的世界从我的周围消失了，取而代之的是木凳和直墙。

我认为，教育的目标是心灵的自由，这个目标只能通过自由的途径才能达到——尽管自由就像生活本身一样是有危险和责任的。

大多数人看来都忘记了孩子们是有生命力的人——比成年人更有生命力。成年人习惯于用习俗的外壳把自己遮蔽起来。因而，孩子们不仅要有上课的学校，还要有培养人格之爱的精神世界，这对孩子们的心理健康和发展来说是必需的。

基于这种认识，我们创建了阿什拉姆学校。

在阿什拉姆学校，人们为了生命的最高目的，在自然的安宁之中聚集在一起。在那儿，生命不仅是静思的，而且是在活动中觉醒的；在那儿，孩子们的心灵不会被强迫去信仰；在那儿，他们要去将人的世界实现为他们渴望成为其居民的天国；在那儿，日出、日落和静寂的、灿烂的群星，每天都受到孩子们的重视；在那儿，人们在花儿与果实的盛会中尽情地享受着欢乐；在那儿，年轻人与老年人，教师与学生围坐同一张桌子，共进他们的世俗之餐和永恒的生命之餐。

在阿什拉姆学校，有这样一位老师：

他向孩子们背诵他喜爱的诗歌，欣喜若狂；

他从不怀疑孩子们的理解力；

他认为的最重要的是引起孩子们对学习的兴趣；

他的灵感不是来自书本，而是来自他情感丰富的心灵与世界的直接沟通；

季节作用于他身上的效果如同作用于植物身上一样；

他在血液中感受到那总是遨游于太空中，飘浮于空气中，闪烁于太空中，震颤于地下草根里的、不可见的自然信息。

他的研究不带有丝毫书斋气味。

总之，我们来这个世界，不仅要认识它，还要承受它。阿什拉姆学校的教育成果让人们知道，人与世界的天上人间的真正联系是人格之爱，而不是机械的因果规律。最高的教育应是：不仅给我们以文化信息，而且要使我们的生命与万物和谐统一。

泰戈尔用形象化的笔墨给我们描写了理想化的学校，给我们描写了有信仰的、充满爱心的理想教师，那是具有人格魅力的教师形象。

罗曼·罗兰说过："要播撒阳光到别人心中，总是自己心中有阳光。"教师自身心灵的高尚和人格的完善，是从教的前提。教师的人格在教育中有十分积极的作用，它是一个教师用真诚、民主、公正的待人原则与学生相处；以身作则，不偏不袒地处理学生中的问题；并用高尚的信仰、人生的追求引导学生，使学生有一种亲切感、仰慕感、敬爱感，有意无意地效仿老师，甚至追随老师。

一、理想的教师

（一）理想的教师

具有人格魅力的理想教师应具备怎样的素质呢？朱永新在《我的教育理

想》一书中谈到了他对理想的教师的看法，他认为：

理想的教师，应该是胸怀理想、充满激情和诗意的教师。任何教师要想有高的成就、高的水准，首先必须要有高的理想。作为教师来说，走上教育岗位以后，必须为自己设置一个一生为之奋斗的目标。只有设置这样一个目标，才能把自己的所作所为锁定在这个目标上，才能不断增强自我意识和使命感，才能不断地进行自我挑战，否则会走弯路，会荒废时间及精力。教育和其他职业有很多相同的地方，也有很多不同的地方。教育的复杂性和丰富性是其他事业所不具备的，它要求教师富有更高的灵性与悟性。教育的每一天都是新的，每一天的内涵与主题都不同，只有具有强烈的冲动、愿望、使命感、责任感，才能够提出问题，才会自找"麻烦"，也才能拥有诗意的教育生活。写诗是要有灵感、悟性和冲动的，真正的教育家也应具备这样的品格，永远憧憬明天。一个优秀的教师，必须具有远大的理想，不断地给自己提出追求目标，同时又要有激情。优秀的教师要永远伴随着自己的梦想。当生活没有梦时，生命的意义也就完结了，教育就没有了意义。理想的教师，应该是自信、自强，不断挑战自我的教师。一个理想的教师，应善于认识自己，发现自己。生活中的一些人，为什么没激情，因为他们发现不了自己的可爱之处和伟大之处。一个人永远不会超过他追求的目标。同样，一个人也永远不会超过对自己的评价。一个人对自我的评价，往往是这个人事业能否成功的标志。自信使人自强，适当的"骄傲"使人成功。只有自信，才能使一个人的潜能、才华发挥至极致，也只有自信才能使人得到"高峰体验"。所以校长应该保护教师的这种自信，甚至带有"骄傲性"的自信。作为教师也应珍视这种自信，不因一时挫折而丧失自信。一个人要取得成功有两个重要的前提：一个是追求成功，一个是相信自己能够成功。

一名理想的教师，应该不断地追求成功，设计成功，更重要的是要撞击成功。因为人来到世上并不知道他会成为什么样的人，只有去撞击每一个可能成功的暗点，才能擦出成功的火花。教师有这样那样的冲动，有这样那样的撞击，是难能可贵的。当一个教师停止撞击了，就意味着他对生活失去了意义，对自己的存在失去了自信。

理想的教师应该是善于合作、具有人格魅力的教师。竞争基础上的合作，合作基础上的竞争，是现代社会的显著特征。一个不善于合作的教师，他走不了太远，因为这个社会是需要合作的社会。社会如此，教师职业也是这样。我们的教育对象，我们的学生，处在非常复杂的社会环境中，时时刻刻接受着多方面、多层次的影响。教师的影响在多大程度上能够成功，取决于教师在多大的层面上协调各方面的力量，共同对学生施加影响。对于一个会做工作的教师，他会调动千军万马来实现自己的教育抱负。一个优秀的教师应该非常尊重他的同事，非常尊重他的领导，非常善于调动帮助他成长的各方面因素。

理想的教师应该是一个充满爱心，受学生尊敬的教师。教师的爱心，就是教育的力量源泉，是教育成功的基础。我们有很多教师日复一日、年复一年地在教，但是他从没有在教的过程中寻找到乐趣，心中也没有涌起一种爱的热潮，这样的教师永远也不可能取得教育上的成功，永远也不可能把握教育的真谛。未来的教育家应该投入全身心的力量去爱学生，爱教育。只有爱，才能赢得爱，你爱教育事业，教育事业也会爱你，你才能获得事业上的乐趣。你爱学生，学生也才会爱你。教师爱学生，一个很重要的表现就是相信每个孩子，每个孩子都具有巨大的潜能，而且每个孩子的潜能是不一样的，只有独具慧眼，发现每个孩子身上的潜能，鼓励孩子去不断地自主探索，才能使他们的才华得到淋漓尽致的发挥。教育有一个很重要的前提就是爱心。只有在爱的基础上，教师才会投入他的全部力量，才会把他的青春、智慧，无怨无悔地献给孩子们，献给教育事业。

理想的教师应该是一个追求卓越、富有创新精神的教师。教师不在于他教了多少年书，而在于他用心教了多少年书。有一些人，他教1年，然后重复5年10年乃至一辈子；有些人，实实在在地教了5年。一个实实在在教5年的人，与一个教了1年却重复了一辈子的人，他们的成就是不一样的。一个优秀的教育家，他应该是一个不断探索、不断创新的人，应该是一个教育上的有心人。一个人为什么能够成功，往往在很大程度上是因为他是个有心人。

　　理想的教师，应该是一个勤于学习、不断充实自我的教师。勤于学习，充实自我，这是成为一名优秀教师的基础。一个理想的教师，一个要成为大家的教师，一个想成为教育家的教师，他必须从基础抓起，扎扎实实多读一些书。不要把教育家看得多么神秘，每个教师都可能成为在中国非常有影响的教育家，每个人都可以做到，关键在于是否做一个有心人，是否执着，是否有恒心。当然，我们知道，教育家必须具备相应的知识结构、教育理念、文化素养、道德素养、工艺素养。因此，教育最重要的任务是学习。作为一名教师，你跟其他专家不一样，需要各方面的知识，一个知识面不广的教师，很难真正给学生以人格上的感召。孩子年龄越小，他对教师的期望就越高，他就越是把教师当作百科全书。在他们眼里，教师是无所不知的，而如果教师是一问三不知，他们会非常失望，所以教师应该完善自己的知识结构。

　　理想的教师应该是一个关注人类命运、具有社会责任感的教师。教育不光是给孩子们知识，教育更重要的是培养学生一种积极的生活态度，以积极的生存心境、积极的人生态度对待生活。作为一个教育家，作为一个理想教师，他应该非常关注社会，非常关注人类命运，非常注重培养学生的社会责任感，也只有教师的社会责任感才能塑造学生的社会责任感。教师在课堂里面和学生讨论环境、人口等问题，才能唤起孩子们对这些问题的关注。如果教师整天关心的是名次，是分数，孩子们怎么能得到全面的发展？学校的世界和外面的世界应该是息息相通的，而现在却是"外面的世界很精彩"，学校的生活很艰难。因此，要使学生更好地生活，要使今后的社会更加理想，更加完美，首先要净化我们的校园，并使我们的学生具有人文关怀精神。苏霍姆林斯基说过，孩子在离开学校的时候，带去的不仅仅是分数，更重要的是带着他对未来理想的追求。

　　理想的教师是一个坚韧、刚强、不向挫折弯腰的教师。教师生存在不同的环境，有的在重点学校，有的在非重点学校，有的在城市，有的在农村。孩子也有不同的背景和基础。有的人经常会埋怨：怎么让我到这样一个蹩脚的学校工作，总希望给他一个更好的环境。这种心情可以理解，但是，所有的环境，都能够产生教育家；所有的磨难，都可能造就教育家。事实上，环境好坏是相对的，不是绝对的。在一个名气很响的重点学校，它的规范多，它的自由可能就会少；而在一所名不见经传的学校，人的创造性可能得到更大的发挥。

教育需要理想，只有燃烧起理想的火焰，我们才能使我们整个民族变得强盛，变得有凝聚力，我们才能在与世界各国的竞争中站住脚。教育是永恒的事业，一代教师的追求，两代教师的追求，全体教师的追求，会在校园里燃烧起理想的火花，从而使我们的民族燃起理想的火花。

[朱永新. 我的教育理想. 南京：南京师范大学出版社，2000.]

朱永新老师的阐述非常全面，把一个理想教师方方面面的素养做了完整的解读，我非常认同朱老师的观点，同时我认为理想的教师还有一个重要特质，那就是自由。我以为理想的教师一定是自由的教师。

教育事业是人的教育事业，是为人的发展服务的，也是靠人——主要是教师来实现目标的，今天的教育还存在诸多问题，所以我们寄希望于理想的教师。每个热爱教育的人心中都有一个理想教师的模样：也许朦胧，只有一个影子；也许清晰，有一个鲜明的形象。我心中的理想教师，就是一种我称为"自由教师"的人。

自由是这些教师身上的本质属性，我所说的自由，就是不受社会的各种诱惑所影响，不受各种功利的目的所左右，就是热爱教育本身，热爱学科教学本身，喜欢跟孩子们在一起，喜欢按照教育教学的基本规律，按照孩子们自身成长的规律，尽自己所能帮着孩子们学习知识，掌握技能，热爱学习，喜欢静静地看着孩子们慢慢成长，成长为一个好人、一个有益于社会的好人。除此之外，别无想法，更别无追求。为了这样单纯的目的，他们几乎把自己的一切都投入其中，倾尽所有的时间、所有的精力以及财力、物力。他们享受这个过程，喜欢看着孩子们开心的样子，喜欢看着同行们开心的样子，自己因此而开心，这是一种由衷的快乐。我所说的自由就是在教育的田野里他们超越了许多羁绊，许多诱惑，许多束缚，许多误导，尽享教育本身的乐趣，这种趣味是一种文化能力和审美品质，它诉诸判断和决定，它对世界的兴趣是"超越功利的"，它凝聚为有教养的个人的精神气质，他们的心是安静的，目光是向内的，目标是单纯的，知道要做好教师的工作就得最大限度地发掘自己的潜能，保持对教育的虔诚。

也许读者会以为我所说的自由教师根本就是不存在的，根本就是我的一厢情愿，根本就是教育的乌托邦。恰恰相反，理想的自由教师在今天的教育土壤里确实存在，从教三十年，我走过成百上千所学校，见过成千上万个教师，发现了如星星一般闪烁的自由美丽的教师。我曾不止一次说过，不止在一个地方说过，教育的希望在民间，这里所谓的民间就是一线的教师，就是天天和孩子们在一起的教师，就是伴随着孩子们逐渐长大的教师，因为民间有一批自由的教师存在。

不说远的，就说上海浦东的教师，我曾向《上海教育》"人物"栏目推荐了建平中学的阴卫东老师、祝桥中学的戴传伟老师，我曾撰文介绍三林北校（发表在《教育发展研究》的扉页），撰文介绍上海实验东校（发表在《中国教育报》），这些都是让我眼前一亮的学校，都是让我为之感佩的教师。

上海市建平中学阴卫东老师所表现出来的价值取向是让我感佩的理由，在他身上洋溢着一种自由情怀，他对于信息技术这门学科的由衷热爱，对信息技术学科教学的由衷热爱，他的兴趣点在于把孩子们领进科学的大门，让孩子们学会研究，让孩子们享受发现的快乐，体验研究的成功，感受科学的魅力，这就是他最大的快乐，这就是他的兴奋点，这就是他的幸福之处。除此之外，他一概没有兴趣：他对家教没有兴趣，从来没有带过一个家教；他对所谓的课题研究没有兴趣，他没有申报过一个课题；他对撰写论文没有兴趣，除了被逼无奈写过一篇文章发表之外，再没有第二篇文章发表；他对出版专著没有兴趣，他从来没有计划出版一本个人专著，更不会把时间花在东拼西凑复制粘贴上；他对评选优秀教师没有兴趣，你们爱评谁就评谁；他对申报特级教师没有兴趣，谁想申报谁申报，他没有时间去准备烦琐的申报材料。凡信息技术学科教学以外的东西，凡教育以外的东西与他无关！他只对教育本身有兴趣，所谓的教育本身，就是他喜欢他的学科，因此投入了很多时间和精力，他就是喜欢学生跟着他一起玩信息技术科学，一起玩研究，或者说是在科学中玩耍，在研究中玩耍，在发现中玩耍，一种非常原始的、单纯的教育。

在阴卫东老师身上有一种非常纯粹的东西，他培养孩子对科学单纯的热爱，而不是附加在竞赛上面的诸如保送、加分的功利。所以阴卫东老师，这个所谓的奥赛金牌教练呼吁将奥赛热降温，这个看似矛盾的地方，恰恰说明他对回归科学研究原初意义或者叫本体意义的追求。从这里可以看出现今奥赛热的问题之所在：为什么有这么多的家长热衷于让孩子去读奥赛班，去搞奥赛？绝大多数都是奔着奥赛之外、科学研究之外的功利目标而去的，加分、升学就是许多人的唯一目的，这恰恰是背离了科学研究的初衷，这恰恰是对科学精神的最大戕害，这恰恰是我们有很多奥赛金牌获得者而没有诺贝尔奖获得者的根本原因！阴卫东老师呼吁奥赛降温，就是希望学生、家长去掉对伪科学或者对科学外在的糖衣的热爱和追求，真正回归学习的本真状态。

上海市祝桥中学的戴传伟老师，一个憨憨的让人一见就觉得特别厚道的老师，虽然"隐居"在浦东的乡下，却做着覆盖地域最为广阔的事业，他凭一己之力办了"语文在线"，他的初衷很简单，借助互联网让更多的语文老师享受到免费的教育资源。为此，他投入了所有的业余时间，不离不弃，至今已坚守整整 10 年！每当夜幕降临，吃完晚饭之后，戴传伟就会端坐于电脑前，打开"语文在线"网站，他开始例行审核别人所发的文章，浏览一天来论坛中的新帖和跟帖，删除不良信息；对师生正儿八经的讨论与提问做出回应；做一些网站内容的补充和完善工作；引发大家讨论语文教学的热点问题……

从 2002 年到今天，他始终坚守，什么原因？没有人因此给他颁发荣誉证书，没有人因此授予他什么称号，没有人因此给他奖金，事实上他为网站建设已经搭上了许多的经费，而他不在乎这些！他在乎的是许多语文老师能够从中获得很多有益的教学资源，他在乎的是同行们对他工作的需要，他在乎的是网友给他的热情鼓励和由衷的肯定，他在乎的是这项工作本身，特别有意思，特别好玩。经过十余年的用心经营，他的"语文在线"网站越办越红火，有了"语文教师之家"的美誉，并且已跻身国内语文学科网站前十。而且他这个既不走商业模式又不做广告的免费学科网站，在国内可能也就仅此一家了。

张广录老师也是一个自由教师。我曾经写过一篇文章，发表在《教师月刊》上。

印 象 张 广 录

离开上海算是一个学期了，但其实骨子里并没有离开。在深圳的几次讲话，他们说我像极了上海人，举手投足，说话的腔调，就是一个上海人的模样——这是深圳人对我的评价。其实上海的朋友并不这么认为，我也并不这么认为，我是安徽人，却出生于厦门，12 岁我从厦门到了江西上饶，22 年的江西生活之后又到了上海，又是一个 20 年重回南国。上海是我人生的一个重要驿站，从 33 岁到 52 岁，可以说最辉煌的年龄段在上海度过，留恋这个城市，其实主要是留恋这个城市的文化，这个城市的人。

张广录就是我这一生重要的朋友，仿照"印象丽江""印象西湖"这样的标题，我觉得应该写一篇"印象张广录"。

认识广录并不是在上海，而是在山西，大概是 2003 年山西音像教育出版社编辑原晓春要给我拍摄一组教学录像，我的作文教学据说有点特色，于是就赶到山西太原电教馆拍摄一组《创新思维与作文》的教学录像，在现场我认识了张广录老师。原老师告诉我："张老师是山西非常优秀的语文教师，曾经获得山西省金钥匙奖，因为你来上课，所以推荐他来听课。"张老师虽说是山西人，但身材并不伟岸；虽然只有 30 多岁，但并不显得年轻，却有一种超乎年龄的深邃；他很少爽朗大笑，更多地呈现一种眉头紧锁的思索状。在拍摄的间隙，我和现场唯一的同行张广录老师，自然地聊起语文教学，听他谈自己的见解和做法。其时他正在读语文教学论专业的硕士研究生，他很客气地把他的论文初稿给我看，请我指正，实话实说，我给出了一些现场意见，张老师并不完全接受，他更愿意与我对话，而不是接受一个所谓的名师居高临下却十分空泛的指导。当时我就得出一个很深的印象：这个人并非等闲之辈！拍摄的过程中，张老师也自然而然地客串起组织学生的角色，帮助学生尽快融入课堂之中，最后他还承担起点评的任务，点评我的作文教学，说得头头是道，像模像样。录制期间的几次交流之后，彼此都很开心，分别前，张老师向我表达了希望到上海的愿望，而且非常明确地指向：到上海市建平中学！这其实也是我所希望的。

没有费多少周折，我们成了同事。我在建平中学领导课程改革，广录老师就是语文课程改革的一员大将。自 1988 年以来我在语文教学界就扮演着批判者的角色，很喜欢思考语文教学过程中的问题，并提出自己所谓的独得之见，当然多半是一孔之见，而且常常是缺少学理上的分析，更多的是源自教学实践的感悟，激情洋溢，慷慨激昂，虽说算不上愤青，但也似乎距离不远。当意识到这个问题的时候，我决计要做点自己的建设，我在自己任教的班级做了很有意思的尝试之后，自认为颇为成功。2003 年就准备在建平做课程改革，首选方向就是语文，广录老师就是建平语文课改的先锋之一。讨论方案，他常常有自己的见解；设计教材，他常常是独当一面；编写教材，他总是一马当先。建平中学能重构自己的语文课程，张广录老师功不可没！

这以后浦东新区率先实践了学科教师培养基地活动形式，我受聘担任程红兵语文教师培养基地主持人，我就聘任广录作为基地的秘书，这一做就是 10 年，先后担任四期区基地秘书。以后上海市也搞了学科名师培养基地，我也是首批被聘为基地主持人，广录也当然地被我聘为基地秘书，这一做也是 8 年，先后担任三期上海市语文名师基地的秘书。第三期市名师基地广录自己也报名成为一名学员，这一期基地学员都把广录称作大师兄，不仅是因为他的年龄在基地学员中相对较大，更主要的是因为他的学养深厚。我是基地主持人，基地活动的价值思想、核心要点、发展方向由我确定，而两个基地的活动都是广录老师具体策划和实施的，大大小小的许多事情他都要操心，每一次活动他总是身先士卒。讨论课改，广录常常语出惊人，思想锐利，批判锋芒毕露；评价课堂，广录单刀直入，毫不犹豫，直接挑出问题所在。他和我的思维风格非常接近，而且常常走在我的前面，大量的阅读，非常勤奋的思考，深厚的积淀，使他的每一次发言都有震动效果。我们基地之所以能形成一种积极言说、锐意批判、直言不讳的团队风格，与广录的努力是绝对分不开的。

我始终认为广录是个非常单纯的读书人，在人与人交往的过程中，他是没有心计的，他也是几乎不设防的，他没有人们常有的避讳心态，他没有世俗的面子私情。私下交流，他从不议论别人的短长；公共场合，他从不隐晦他自己的观点。即使在所谓大庭广众之下，他也会毫不客气地大胆批判，即便是面对权威人士。记得有一次大型的语文教研活动，原本没有安排广录发言，他只是作为一个参会者，在听了一批人的发言之后，立刻主动要求上台，毫不客气地痛批了刚才一干人的观点，旗帜鲜明地亮出了自己的思想，引得了满堂喝彩，但也着着实实地给举办者和前面发言的人一记"闷棍"，但广录浑然不觉，他就是这么一个单纯到可爱的人，只有思想，没有人情世故！

广录其实是一个表里如一的人，在学术上他总是孜孜以求不倦探索。他本科学的是历史，硕士读的是语文教学论，教过历史，再来教语文，我觉得这个好处是非常明显的，这使他看语文总有一种自觉或不自觉的历史眼光，他不局限于今天语文的时尚理论，而是阅读了中国语文现代教育史上名家的著作，细细咀嚼民国时期的一些语文大家的教育思想，批判性地加以消化吸收，对照今天的语文教学现状，形成自己的独特思考。华东师大中文系聘请他给本科生上课，一个学期下来，学生们对他的课、对他的学识修养佩服得五体投地，时时报以热烈的掌声。他的课就是这样，十分鲜明地带有自己的个性色彩，我曾经推荐他参加全国语文教师赛课，他先后两次获得全国一等奖，而且引起专家和与会者强烈的反响；我曾经推荐他参加全国性的语文教学论坛，他的每一次发言都赢得十分的赞赏。

2010 年 8 月，我离开建平中学，调任浦东教育发展研究院，一年后广录紧随我来到这里，负责文科教师的教育培训，这对广录而言如鱼得水，驾轻就熟，他为全区的语文老师开设了好几门课程。他不但懂理论，而且会上示范课；他不但善于研究，而且很会评课。他赢得了许多教师的充分肯定。

上海市高中语文教研员、著名特级教师步根海上示范课，请广录为他现场评课；上海师范大学李海林教授的市级重点课题请广录为之总结；全国著名语文教育学教授王荣生请广录帮他培训教师；全国许多地方都邀请广录去上示范课，去做专题报告。今天的广录已经毫无疑义地成为一个在全国语文界有一定影响力的语文名师。

限于时间和篇幅，今天只能是写"印象张广录"，假以时日，认真整理，还可以把广录的很多有趣而且有味道的故事叙述出来，那其实也是挺好玩的。

〔程红兵. 印象张广录. 教师月刊，2014（3）.〕

阴卫东老师身上、戴传伟老师身上、张广录老师身上有现今许多教师缺乏的东西。曾任耶鲁大学校长的贝诺·施密德特，不久前在耶鲁大学学报上公开撰文批判中国大学，他说："他们的学者退休的意义就是告别糊口的讲台，极少数人对自己的专业还有兴趣，除非有利可图。他们没有属于自己真正意义上的事业。"他说的就是这个意思。我说不清楚这里的原因，但我想原因可能是多种多样的。他们的行为引起我更多的反思，反思我们习以为常的许多东西有没有背离我们初衷的地方；反思我们自以为是的工作有没有南辕北辙的可能。比如为了激励教师，各级政府评选各种级别的优秀教师、优秀园丁、优秀教育工作者；各级教育专业部门评定各种级别的骨干教师、学科带头人、特级教师；人事部门会同教育部门给教师们评聘初级教师、中级教师、高级教师。每一次评选、评定、评聘都毫无疑问地激励了不少教师，但是我们身处其中的人也都渐渐看到，若干次评选之后，若干年评定之后，我们的这些职称、称号都毫不例外地贬值了。于是我们重新创造新的概念、新的荣誉称号，君不见有"教育功臣"评选出现，有"教授级高级教师"评聘出现，有"教书育人楷模"评定出现，还有一些地方将出台由政府出面颁发的"教育家"称号，现在据说这个计划在批评与嘲讽之中最终夭折。

可以肯定的是，这些评选、评聘的初衷是好的，也是起过一定的作用的。但是这种评选最大的问题就在于把教师们引向教育以外的东西，引向功利的目标，外在的功利目标会败坏教育内在的价值目的，从而背离初衷，南辕北辙。可怕的是，我们至今还有很多人视而不见，充耳不闻，或者根本就是浑然不觉！

我们为什么不能更多地引导教师热爱教育本身，引导教师热爱教学本身，让教师们热衷于跟孩子们一起玩耍，痴迷于跟孩子们一起学习，醉心于跟孩子们一起探究。我深知这是非常不易的，但我也深信在今天的教育土壤里肯定有这样的人，肯定有这样的学校，肯定有这样的事件、事实、细节。我也坚信当功利主义走到极点的时候，人们更多地会反思我们到底需要什么样的教育，什么才能真正使人幸福快乐，教育究竟应该如何才能造就人才，教师究竟应该成为怎样的教师。

我不希望大家空喊教育家办学的口号，我不想由政府出面评选并颁发教育家的证书。我相信教育家一定有着自由的情怀，一定有着非常纯净的教育思想，一定是从教育的田野里一步步走来，带着泥土的气息，带着青草的芳香，一定是充满快乐的……

（二）理想的校长

没有理想就没有未来，没有理想的教师，就没有未来的美好教育。理想的教师也应该包括理想的校长，校长是老师的老师，下面我就谈谈理想的校长。

我心目中理想的校长应该是什么样的校长？换句话说，一个优秀校长的核心素养是什么？

我曾经做过 10 多年的学生，作为学生，我希望校长是一个和蔼可亲的邻家大伯。他总是微笑地望着我们，从不厉声呵斥我们，从不跑到家长面前告我们的状，从不把期中、期末考试的分数挂在嘴边，从不把我们的分数排名张榜公布，从不把处分开除作为手段对待我们这些经常顽皮的孩子；我们实在无所事事，可以找他聊天；我们心有烦恼，可以找他倾诉；我们遇到困难，可以找他帮忙；我们若有心仪的人，可以请他参谋；我们若有开心的事，愿意与他分享；每天早上上学的时候，我们都能看到校长在学校迎接我们；每天傍晚放学的时候，他总在目送我们；当我们偷偷养的小宠物不被妈妈所容、被赶出家门，带到班级，被班主任发现赶出班门，校长看到了，二话不说，就让宠物在校园里安了家，并让生物老师指导我们如何当好宠物的"爹地"

"妈咪"；当我们在初中阶段成绩遥遥领先，而步入高中却每况愈下的时候，校长会把我们领到海边，看波澜壮阔的大海，看一浪高过一浪的海水，看远处高远的天空；当校外的流氓、混混欺负我们的时候，我们的校长会一反温文尔雅的常态，大声呵斥，挥动铁拳，毫不犹豫地砸向他们；当我们毕业很多年之后，还盼望着回到学校，看看校长的白发是否平添了许多，额上的皱纹是否深刻了许多，脚步是否依然矫健，身子是否依然硬朗，声音是否依然洪亮，那个让我们终生牵挂、永远难以忘怀的校长。

我曾经做过30多年的老师，作为教师，我希望校长是一个经验丰富的智慧教师。当我刚刚走上讲台的时候，他总是默默地坐在教室的最后一个空位，听我讲完课之后，他总是把我叫到一旁，和我回放这堂课的过程，一起分析切磋，善意地批评和建议，让我感动许久，真盼着他明天再一次走进我的教室；当我是一个中年教师的时候，我总为自己进入瓶颈状态不知如何是好的时候，校长总是给我现身说法，回忆他自己当年的情形，讲述他曾经有过的烦恼，以及如何找到新的生长点；当我踌躇满志准备申报特级教师的时候，他一方面很欣慰，一方面善意地提醒我答辩过程的注意事项，一时兴起还会充当临时答辩委员，来一次模拟考试、模拟答辩，让我们信心百倍地走上人生重要的考场；当我们几个老师取得了一点小小的成绩，受到肯定或表彰，只要校长知道，他一定会在第一时间向我们报喜，向全校老师报喜，从他的笑脸，从他的根根白发，可以看出他是由衷的高兴；当我们步入老年，记忆力大不如前，一不小心也会在课堂上犯一些低级错误，学生在"教师评价问卷表格"中毫不客气地提出批评，自己很不以为意的时候，他会很诚恳地和我聊他自己一次次的过失，一次次的遗憾，一次次的反思，直到你最终明白他的苦心；当我们退休之后，最想找人聊天的对象，会不约而同地想到校长，想到那个自诩是我们的小弟的校长，把盏喝茶，说起当年一起教书的那些细碎琐事，那些让人忍俊不禁的轶事，一起开怀大笑……

我曾经做过10年校长，作为校长，我希望校长是一个身正为范的同行知己。我很希望我们的校长都很正直，公平地对待每一个老师，公平地对待每一个学生，身上有正气，做事有原则；从不巴结上级领导，从不欺压教师学

生，也不在各种场合无端贬损其他校长同仁；从不把被某某领导接见的照片
到处张贴，从文本到网络，从校内到校外，须知一不小心很可能有一天纪委
要请你一起协助调查。我希望校长同仁不要做那些毫无意义的升学竞争，你
的学校高考升序率或许高出一个或几个百分点，主要的原因是你的学校占有
了更多的资源，你的老师和学生在你的领导下把这些资源在狭窄的应试领域
效率最大化了而已，你没有必要到处炫耀自己的升学率。我希望我们的校长
同行应该是言行一致的人，不要在公开场合大谈素质教育，而回到学校加班
加点，周周练，月月考，次次考试排名。我希望我们的校长同行共同营造一
个真正和谐的校际生态空间。

我曾经做过 3 年的教育发展研究院的院长，作为院长，我希望校长是一
个学高为师的学者校长，校长是书生，身上应该有书卷气。爱因斯坦说："人
的差异在于业余时间。"我希望在图书馆里经常看到校长的身影，在书店里经
常看到校长的身影，校长不应该经常出现在餐馆里，更不应该经常出现在棋
牌室或洗脚房里。我不希望校长一定要有课题，因为我深知今天的课题研究
已经充满了泡沫，但校长一定要有问题意识，而且要经常找老师聊聊，找学
生开开座谈会，知道自己学校管理的问题在哪里，知道制约教师发展的问题
在哪里，知道自己学校的课程问题在哪里，知道学校的课堂里出现了什么样
普遍性的问题。我不希望校长一定要出版所谓的专著，因为我知道现在的校
长用公款买一个书号，或者出版一本包销书，实在太容易了，因为我见过一
些校长的专著除了作者名字是自己的，其他基本不是他的——或者是粘贴来
的，或者是"枪手"代写的。当然如果完全是自己的作品，没有占用学校的
公共资源，按照正常的出版程序出版自己的专著，那还是应该肯定的。我不
希望校长有很高的学术水平，但多少要有一些理论修养；不希望校长满嘴跑
理念，经常喊口号，但希望校长对自己学校的课程有自己的理解，知道自己
学校课改的切入口在哪里，并有切实可行的具体思路。不希望我们的校长门
门课程都精通，事实上也不可能做到，但希望校长应该精通自己本学科的课
堂教学，并且触类旁通，能够走进所有学科的课堂，听课评课，说出自己切
合实际的意见和建议。或许你曾经是一个学科的名师，甚至是特级教师，但

是时过境迁，毕竟你把很多的时间、精力用在管理上，为了保持你的教学教育的敏感力，除了要经常走进自己学校的课堂，最好能亲自执教一个班的课，你就能够感知当下学校教育教学的实际情况，你就能在一定程度上填平你和青年教师之间的代沟，你就能缩短你和学生之间的距离，你就能发现当下学校的问题所在，从而做出比较切合实际的决策，否则一不小心你就会犯刻舟求剑的错误，世易时移，你却浑然不觉，那么决策失误将在所难免。

我曾经做过一年教育局副局长，作为教育局长，我希望校长是一个勇于担当的领军人物。一说领军人物，不要立刻就把自己当成官员，一个校长不应该有官气，动不动就把自己当作一个政府官员，什么处级校长、科级校长，那是过去的政府因为那时的习惯或需要给你一个小帽帽戴戴，你可千万不要当真，确实有不少校长就当真了，以官员自居，而且很是荣耀，甚至常常颐指气使对待老师，对待家长，对待学生，说出来的话语，那个腔调，比处长还处长，比科长还科长，殊不知，在处长多如牛毛的当下，即使是真的处长，也仅仅就是一个小吏而已，更何况你还是一个"相当于"副处级的校长。作为校长希望你把学生安危、学生成长放在首位，学生在你的学校里是否有安全感？学生在你的课堂里是否有收获？学生在你的学校里是否健康成长？这是校长的职责，你责无旁贷！不要学生安全出了问题了，你立刻找到十分动听的理由，透过于他人，推得一干二净，须知作为校长你有不可推卸的责任，你只有担当起来；不要当学生在你的学校里跳楼了，你第一个想到的不是别的，而是"他怎么偏偏跑到学校来跳楼，为什么不回家跳楼"？这不是一个校长应有的思想！政府把你放在校长的岗位上，就是要你勇于担当，担当属于校长的责任。担当何止是出现问题时的担当，更多的是激流勇进的担当，当下社会的发展急需教育的变革，而教育界因循守旧、故步自封的现象，还是非常严峻的，一个对社会发展有高度责任心的校长，理所应当地承担起勇于改革、破除陈规陋习的责任，组织教师进行课程改革，针对自身学校的实际情况，针对学生的实际情况，大胆而严谨地进行国家课程校本化实施，实实在在地提升学生的综合素质；不期望你的学校编写了多少门校本课程教材，但希望你的学校课程真实地服务于你的学生成长；不希望你的学生一夜之间分数提高多少，但希望你的学生学会面向生活，学会分析社会问题，并解决实际问题；不希望你的学校两三年之内升学率提高多少，但希望你的学校管理以人为本，希望你的学校教育教学具有一定的文化品位，校园里弥漫着充满人性的文化氛围，这就要求你作为校长要基于国家的使命，基于民族的发展，基于孩子健康、阳光、智慧的成长，校长凝聚起一个学校的人心，集聚众人的智慧，领军破浪，扬帆远航！

（三）理想的教育家

理想的教师、理想的校长就是理想的教育家，教育家办学已经成为我们的共识。温家宝任职总理期间多次提到教育家办学，他曾指出，我国需要大批教育家，要宣传有贡献的教育家。他强调：要提倡教育家办学，鼓励更多的优秀青年终身做教育工作者。我理解温家宝同志所倡导的是按照教育规律办学，提倡以教育家的精神办学，期望出现更多的教育家来办学。

当下中国的教育尤其需要教育家，因为当下的教育遇到了前所未有的巨大困难、巨大挑战，应试教育已经使中国的基础教育陷入泥潭而不能自拔，功利主义的文化价值观已经使得中国基础教育步入困境，教育发展遭遇瓶颈，课程改革举步维艰，犬儒主义盛行，实惠之风弥漫，市侩主义大行其道。一些学校课程改革形式化，一些地方学校教育同质化。现在正是急需教育家的时代，我们期望教育家能以傲视群雄之气势、超乎寻常之能力，勇敢地打破僵局，破除旧框框，革故鼎新，取得突破性的贡献，使教育改革走向深入，使课程改革取得历史性的进展。

要达到这样的目的，需要什么样的教育家，或者说什么样的教师才能成为教育家。我认为今天的教育形势需要教育家具备如下特质：

人不能识之我则识之，这是一种见识；

人不肯为之我则为之，这是一种信念；

人不敢为之我则为之，这是一种魄力；

人不能为之我则为之，这是一种才智；

人不能忍之我则忍之，这是一种气度。

教育家要有思想见识。当下教育界众说纷纭，教育研究从来没有像今天这样繁荣，也从来没有像今天这样芜杂；从来没有像今天这样活跃，也从来没有像今天这样混乱；从来没有像今天这样多元，也从来没有像今天这样有分歧。在这样一个时代里，教育家需要比别人具有更加清醒的头脑，保持更加明晰的判断力。不能因为走得太远，而忘记了我们为什么出发，我们不能忘记教育的初衷。在纷繁芜杂的教育现状下，教育家要拥有自己超凡脱俗的思想见识。独特的思想见识体现为独特的话语方式，借用冯友兰先生的一句话来说，哲学史家要照着说，柏拉图怎么说，那就怎么说，孔子怎么说，那就怎么说；而哲学家要接着说，康德怎么说，黑格尔怎么说，接下来我要怎么说。真正的教育家既不是在照着说，也不是接着说，而是自己说，在说自己的话，那是置身于广袤的教育田野里的来自草根的带着泥土芳香的话。教育家的话语风格是创新的，但又不是偏激的；是公允的，但又不是守旧的。教育家的话语是着眼于建设的，是着眼于解决问题的。教育家的话语，教育家的思想，教育家的思路，是切合教育实际的，而又是适度超越当前现实的。

教育家要有教育信念。教育家的一种人文主义的教育信念，这首先是一种对待教育的审美的超功利态度，是一种从学科分割的专业主义视角解放出来的自我意识，从整体上观照这个我们栖身其间的学校校园，教师和学生应该成为校园里诗意的栖居者。教育家在保持人文情怀的前提下，对教育做出科学正确的价值判断，同时要有持之以恒的教育信仰，庄严神圣的教育承诺，坚定不移的文化追求，这样的信仰、承诺不是停留在表面，不是仅仅表现在口头上，更重要的是落实在行动中，体现在言语细节之中，别人不肯做的，只要是有利于学生一生可持续发展的，就义无反顾地努力去做。在教育的行当里，我们都知道上一两堂好课不难，难的是不断地上出好课，上出几千堂好课；我们都知道做一两次报告不难，难的是不断给人启迪；我们都知道发表一两篇文章也不难，出版一两部著作也不难，难的是一辈子都在学习，一辈子都在思考，一辈子都在表达，一辈子都在产生重大的影响，这就是教育家。这是一种优游的气度，一种自由的情怀，一种人文的理想，一种追梦的执着。

教育家要有豪迈的魄力。我们知道今天的教育改革就像经济改革一样已经进入了深水区，好做的前面已经做过，剩下的都是难度很大、风险不小的问题，是牵一发而动全身的问题，是涉及许多人的利益的问题。教育家要有教育家的胆略和气魄。著名的哲学家、社会学家阿伦特对一种仅仅以维持生命的新陈代谢为最终目标的"生命哲学"表达鄙视，认为这种粗鄙的生命哲学（其实质是明哲保身的唯我主义）会导致个人终生怯弱地栖身在私人生活领域并寻求庇护，而不敢严肃地做出判断，并勇敢地跨入公共领域来与共同世界周旋。面对教育的困难常常是考验人的意志胆略的关键时候，一般人生怕因为改革而触及别人的利益，生怕给自己带来不必要的麻烦，于是左顾右盼、权衡再三，结果大好时机一再错过，改革因此被耽误。教育家就是在别人不敢做的时候大胆去做，以对事业负责的态度大胆拍板，勇敢践行，抓住历史性的机遇，豪迈而勇敢地迈出坚定的步伐。不如此，课改无以深入；不如此，难题无以破解；不如此，则学校无以前行；不如此，则教育无以发展。

教育家要有出众的智慧。教育家要有出众的智慧才能，在具体操作层面上，运筹帷幄，决胜千里，以如履薄冰的心态，以出色的谋略，以十分细致的策划，保证改革的顺利进行，保证课改的成功运行。在功利文化的大背景下，教育改革太需要成功，课程改革太需要以成功来进一步推动深入发展，因为不必要的失败将使课程改革更加艰难，不必要的挫折将使后来者遭受更大的挫折。这就需要教育家具有实践智慧，细针密线，化解难题；左右联动，消解困难；团结众人，共同发展。

教育家要有超常的气度。课程改革需要向纵深发展，越是向深处发展，越要触动更多人的利益，也越会带来更多的反弹、反对。曲高和寡，理解的毕竟是少数，不理解的是多数，有消极的，有对立的，这些不利因素总会通过各种形式表现出来，有意无意之中会伤害教育家，教育家总是矛盾的焦点，他没有退路，他无法挥打太极，他只有直面矛盾，直面冲突，受伤是不可避免的。而且改革的深入必然会触及政策，要打破僵局，要有突破性进展，教育家自然负有不可推卸的责任。各种流言、各种传说都围绕教育家这一主角展开，教育家受打击是非常正常的，无法回避。坚持始终如一的实践探索，这就需要教育家有无限的气度，忍受常人所难以忍受的委屈、讽刺、攻击、打击，否则一打就倒，既成就不了教育家，也完成不了事业。

让教师成为教育家的第一推动力是什么？永恒的动力是什么？是使命，是为学生的使命，是为教师的使命，是为学校的使命，是为国家的使命。所谓使命就是承担的重大责任、重大任务，在历史的坐标上，教育家始终明确自己当下的担当。

第一，为学生的使命。教育家的工作重心是为了每一名学生的健康发展，为了每一名学生的个性化发展，为了每一名学生一生的幸福快乐。为了实现这一目标，面对自己的教育，面对自己的教学，教育家应该做有过推断，不断地反思自己的过失，不断地研究解决问题的方法，不断地改进自己的教育教学。就像著名特级教师、全国师德楷模于漪老师曾说"上了一辈子课，上了一辈子令人遗憾的课"，因此她是"一辈子学做教师"，这就是她的胸怀。有过推断是使教师获得发展的很重要的因素。所以，教师成为教育家的进步过程很重要的一点就是对自己过往的东西做有过推断，不断超越昨天的自己。

第二，为教师的使命。没有高水平的教师，学校就不能为学生的成长提供高质量的课程服务；没有高水平的教师，学校就不可能持续发展。面对青年教师的发展，教育家总是做有为推断，永远相信青年教师能有所作为，永远相信青年教师将来肯定会成为非常优秀的教师。所以对青年教师，只要有机会，教育家总是不断地帮助青年教师，不断地勉励，不断地指导，不断地提携。

第三，为学校的使命。作为教育家不但自己有一个理想的教育梦景，还要让师生员工有梦，激发所有师生员工一起为着美好的梦想去努力，使教师成为憧憬未来的追梦之人。为了实现美好的理想，面对学校办学过程中复杂的问题，教育家总是做有解推断，从来不在困难面前退缩，从来不把困难事情放弃，总是身体力行地主持并参与解决一个一个纷繁复杂的问题。

第四，为国家的使命。面对国家教育改革、课程改革的重大政策、决策，教育家总是做有理推断，并努力宣传之，践行之，体现国家意志。教育家总是能以天下为己任，以民族为己任，站在中华民族伟大复兴的高度来思考教

育。在中国教育家身上，充分体现中国教师的风格、中国教师的气派、中国
教师的情怀。

　　上海的于漪老师就是这样的教育家，她担当起了为学生谋发展的使命，
她对自己的教育教学做有过推断；担当起了为教师发展的使命，她对青年教
师做有为推断；担当起了为学校发展的使命，她做了有解推断；担当起了为
国家发展的使命，她做了有理推断。向于漪老师学习，就是要学习她这种使
命感。没有使命就没有梦想，没有梦想就没有教育，没有未来；没有使命就
没有责任，没有责任就没有成长，没有发展。使命，让教师的工作变得伟大；
使命，让教师的事业变得厚重；使命，让教师的精神得以升华；使命，让教
师的生命永不褪色。向于漪老师学习，"让生命和使命同行"！

　　这是一个需要教育家而且能够产生教育家的时代，我们期盼着。

　　上面我们从总体上阐述了理想的教师、理想的校长的基本特征，阐述了
教育家的基本特征，下面我们再做具体的分析。

二、师 德 品 行

（一）忠诚事业

　　教师的人格是内在的，但内在的人格光辉总是要外在地显露出来，使其
具有非常的魅力。教师人格魅力首先体现在坚定的职业信念上。德国教育家
第斯多惠要求教师要"把培养和教育的事业作为自己一生的使命"，要为教育
"贡献出自己的整个心灵，……按天职他是教师，教学成为他的生命，他的养
料"。优秀的教师之所以优秀，最重要的一点就是他们把教育看成自己的生
命，用一生去浇灌教育的园地，培育祖国的幼苗。在教坛耕耘了一辈子的于
漪老师在她从教四十年教育教学思想研讨会上，允满深情地说："如果逝去的
岁月可以重新归来，青春的年华可以再次度过，那么，我将依然选择教师这
个太阳底下最伟大的职业。"小学特级教师陶淑范在《致未来的教师》一文中

也倾吐了自己的肺腑之言："我把一生献给孩子们。我深感其乐无穷，很有价值。在小学教师的田野耕耘收获，给了我一生的充实。"他们的话语说出了千千万万教师的心里话。对事业的执着热爱使他们产生了不竭的动力和非常的兴趣，促使他们为之献出一生的心血和汗水。谁都知道我们的乡村教师是一群可敬可爱的人民教师，有人这样说过："乡村教师——我认为是用特殊材料组成的一个特殊人群。要不，在今天这个物欲横流的世界，为什么他们还能甘于寂寞，安心清贫，默默地坚守在教育这块贫瘠的土地上？""如果我们拿蜡烛来比喻教师们的话，那么，乡村教师是两头都在燃烧的蜡烛。"

这里不妨看一个生活实例，湖北孝昌县小悟乡陆冲苗圃希望小学校长陆斌，今年47岁，却已经有着30年的教龄。他所在的学校13名教师，全部是民办教师，月工资最高的85元，最低的70元。陆斌全家五口人，一亩四分地。妻子有病干不了重活，地里的活全靠他早、晚和星期天挤时间干。其他民办教师的情况也差不多，顾了教书，顾不了种地。乡亲们说，凡是那些庄稼长得差的地，不用问，肯定是老师家的。女儿初中毕业，想继续读高中，陆斌想来想去没答应，他说："妈妈身体不好，你得照顾照顾家。"后来女儿跟老乡一起到南方打工。去年，二儿子、三儿子（两人相差一岁）同时初中毕业。当父亲的发怵了，他知道自己的经济能力，是绝对供不了两个儿子同时上高中的。然而，手心、手背都是肉，不让谁上都不忍心。两兄弟都很懂事，互相谦让。最后，还是弟弟把哥哥说服了，他说哥哥的成绩比他好。老大上高中的那天，陆斌流着泪把老二送给人家当学徒。为了给妻子治病，为了支撑这个家，陆斌欠下了八千元的债。八千元的债，对于一个乡村教师来说，那是山一般的沉重啊！其实，陆斌并不是没有机会离开讲台。他的一位内弟在江汉油田五金厂当厂长，曾经好几次让他去当助手，工资每月千把元，比当教师强多了。他也曾经动过心，有一回，连给学区教办的辞职报告都写好了。可是一想到那几百名学生，他终究打消了这种念头。陆斌说自己信命，"谁叫你选中了乡村教师这种职业呢？当乡村教师，就是来受苦的。"这朴素的话语中包含了他对自己所从事的教师职业的理解，也包含了自己献身教师职业的思想信念，一腔爱心都在其中，支撑着他从过去走来，又支撑着他艰难地走下去。这就是他的教师职业信念使然。

[文汇报，2001-02-27.]

教师的职业信念是指教师在对自己所从事的职业有了一定认识的基础上在教师劳动价值方面所产生的坚信不疑的态度。"信念的功能在于使人把握思想和行动上的有效原则或目标。信念起作用的地方，是人尚未完全把握对象同自己的真正关系的地方。正是在这里，信念告诉人们应该怎样，不应该怎样。"[1] 所以，从一定意义上说，教师职业信念是人们从事教师职业的重要动机之一，特别是当一个人对于教师的劳动价值尚未完全认识清楚的时候，教师职业信念就成为他赖以从事教育劳动的支柱和指南。而当他具备了坚定而科学的教师职业信念之后，这种信念就会对他的教育生涯产生深远而稳定的影响，在一定程度上决定着他投身于教育事业的方向性、原则性和坚定性。反之，如果一个人不能形成坚定而科学的教师职业信念他就难以具备热爱教育事业之心，也难以在教育劳动中产生主动性、积极性和创造性。对于青年教师来说，是否具备坚定而科学的教师职业信念，对他们工作状态的影响特别重大。这是因为，他们刚刚跨入教师行列，教育劳动还比较少，这使得他们对教育规律和价值的认识，对教师劳动特点和价值的认识，以及对教师职业与自己今后实现人生理想和价值之间的关系的认识，都尚未完全达到理性认识水平。换言之，青年教师在从事教师职业方面有一个从他律到自律的转变过程。在这一转变过程中，教师职业信念起着非常重要的作用。较为坚定、科学的职业信念，会激励他们从事教育教学活动，并且大体上知道应该怎样做，不应该怎样做，还能够促使他们对教育劳动、教师职业产生正确的理性认识，自觉地遵守教师职业道德要求，按照教育教学规律进行劳动，进而形成教育劳动自律。

---

[1]　李德顺. 价值学大辞典 [M]. 北京：中国人民大学出版社，1995.

（二）热爱学生

对学生的热爱是教师人格产生魅力的又一个重要原因。苏霍姆林斯基把热爱学生当作教师最重要的职业修养，认为这是教师应具备的素质中起决定作用的一种。他说："为了长年保持朝气蓬勃的精神、清醒的头脑、鲜明的印象、强烈的感受力——教师应当具有仁慈的天性和对自己的劳动，首先是对儿童无限热爱的精神——没有这些品质，教师的劳动就会变成痛苦。"由此看来，没有对学生由衷的热爱，就不可能产生教师的魅力。苏霍姆林斯基本人就是一个非常典型的例子，他就是一位热爱学生的楷模，他的一部著作题为"把整个心灵献给孩子"，他为此自豪地说："我有权说，我把整个心灵献给了孩子们。"正因为如此，所以苏霍姆林斯基在学生眼里是一位很有魅力的教师。

王仲安在《美国老师的花招》一文中写道：

一二年级的小学生，几乎人人都处在换牙阶段。掉牙的惊恐和漏风的嘴巴，多少困扰着孩子们的幼小身心。有时可能还会闹点情绪，忽然不愿去学校见人了。

我女儿的班主任麦凯本老师为此专门开设了一个"缺牙俱乐部"，让孩子们深感换牙是件很了不起的事情。因为谁掉了牙齿，谁就会得到一支漂亮铅笔，上面还刻有自己的名字。更酷的是，能立刻登上班级光荣榜。成长的喜悦，就这么轻松快乐地被彼此分享着。

最让我感动的是安德森女士，这位头发花白的老师，多少年来，每天早上坚持站在教室门口，微笑着与每一位前来上学的孩子握手，甚至连学生们吃完午餐，从食堂返回教室时也不例外。不难想象，当孩子的小手，被紧紧拽在温暖的大手中，仰头看到老师眼里对自己的肯定与尊重，他们的自信必定因此日夜增长。

相对于女老师的细致温柔，男老师那份酷劲儿，更能让高年级学生着迷不已。美国学校招纳了不少活泼的男老师，布先生就是这样一位教学助理。

他留有一头飘逸的金色长发，时而扎成马尾巴，时而编成大辫子。他会在学生面前，不动声色地显露几下魔术绝活儿；又全突发奇想，从家里搬来两张旧沙发，在教室里布置一个舒适的图书角。课间休息时，学生们就用平日赚来的奖励性假币，作为享用"布氏图书馆"的门票。不费吹灰之力，便将那一班精力过剩的小猴子收拾得服服帖帖。

[文苑，2010 (7).]

不妨再举一个半路出家的老师的例子来说明。

《羊城晚报》2001 年 2 月 26 日刊登了一篇题为"穷山区里的一段灿烂人生"的文章，报道过惯海外舒适生活的陈佩珊在广东怀集做义务教师的事迹。51 岁的陈佩珊是来自香港的澳大利亚籍人，来到土地贫瘠、缺水、远离城市的穷山区怀集桥头镇，在桥头中学做了一名义务英语教师。在来学校之前，陈佩珊喜欢打麻将，多年来，各种赌博输掉的钱加在一起竟有五六百万港币之多。陈佩珊把自己"流放"到怀集桥头中学，原来打算做一年义务英语教师，然而，半年过去后，她发觉自己这一辈子最有意思的日子竟然在这清贫的山区，和天真无邪的孩子在一起，她觉得好开心。她骑着单车一家一家地家访，哪家生活特别困难，她一一记在心上。看到学生因交不起学费要辍学了，她向校长说，这些孩子的学费包在我身上。上学期，她负担了 19 个学生整个学期的学习费用。这个学期，她准备负担更多孩子的学习费用。她还承诺，要把她教的班英语考试及格的学生接到香港或深圳开眼界。她决定在这里教足三年，从初一到初三，看着孩子们成长。3 年后她将选择另一个贫困山区，到那里开辟新的战场。一个半路出家的教师身上焕发了特有的人格魅力，她成了当地学校最有魅力的教师，成了学生们的偶像，她的宿舍内经常聚集着一大群孩子，跟她学英语，听她讲故事。逢年过节，孩子们拿来家中的玉米粉、青菜送给她，陈佩珊高兴地把这些礼物带回香港，与丈夫共享。她的魅力还影响了香港青年钱福庆，钱福庆也到桥头镇的新兴小学承担两个班的英语课和一个班的数学课。对教师职业意义和价值的认同使他们改变了以往的生活轨迹，对事业和学生的热爱使他们形成了个人的人格魅力。

　　无数优秀教师的教育实践告诉我们，热爱学生是教育学生的基础，热爱学生既是教师人格魅力的重要内涵之一，又是教师人格魅力的外在显现。著名的小学教师毛蓓蕾说过："我什么法宝也没有，只是像许多老师一样，有一颗炽热的心。我用这颗心去温暖孩子们，体谅他们的甘苦；同时根据他们的特点，去引导他们，促使孩子一步一步前进。正因为我爱他们，所以我的精神生活始终是充实的，总感到浑身有使不完的劲。我也碰到过各种各样的困难，有时甚至会为找不到恰当的方法而苦恼，但我一想到孩子，就有了力量。"其实教师对学生的爱，会对学生产生非常积极的作用，有时甚至是始料不及的，著名的皮格马利翁效应就能充分证明这一点。

　　陶文中先生在其《让爱心走进学生的心田》一文中谈到，最近，一项关于师生关系的调查结果显示，虽然有81％的教师真心诚意地愿意与学生交朋友，但当学生遇到困难的时候，只有12.3％的学生首先想到找老师。"心里有话要说的时候"，只有4.8％的人最想找老师说。这一情况发人深思：教师真心诚意地关心学生，却走不进他们的心田，这是为什么？

　　学生说："老师对我们不了解，不知道我们的想法，大多只关心我们的成绩。"

　　教师们坦承，与学生沟通不够，又觉得自己担负的责任重大，不能误人子弟，时时渴望学生成才，有出息，但一切又不一定如愿……

　　一些专家则呼吁："现在大多数教师缺的不是知识，而是对学生的情感和爱心。"

　　原因何在？也许已经清楚了。

　　那么，教师怎样做才能走进学生的心田？

　　苏霍姆林斯基在告别与他朝夕相处5年的31名学生时，曾深情地说："孩子们啊！五年来，我拉着你们的手一步一步向前走，我把整个的心都献给了你们。诚然，这颗心也有过疲倦的时刻。而每当它精疲力竭时，孩子们啊，我就尽快来到你们身旁。你们的欢声笑语给我的心田注入新的力量，你们的张张笑脸使我的精神重新焕发，你们那渴求知识的目光，激发我们思考。"

他在回顾自己的教师生涯时说："我生活中什么是最重要的呢？我可以毫不犹豫地回答说：爱孩子。"

我们许多老师亦有此深刻的感受。一位有着 30 多年教龄的老教师在谈到自己几十年的教师工作时，动情地说："'宁可吃尽千辛万苦，也要让我们的下一代拥有快乐和幸福'，几十年来，尽管不止千百次地从家长的口中听到这样的话语，但我还是每一次都难以抑制自己眼眶中的泪水。我相信在这个世界上没有任何一种爱，能够如同父母对子女的爱这样真诚、无私、这样地不可动摇。家长们这些发自肺腑的语言之所以常令我激动不已，是因为我同他们的心是完全相通的。"

爱是教育的灵魂，是教育的圣心。爱心是人类的一种高级情感，但是又和人类的理智、道德、审美、人格相互关联。爱心育人不仅是一般的职业素养和职业要求，更是教育人道主义的体现。教育是培养生命的事业，作为教师，最可贵的是能够保持高尚的人道主义情怀。教育的爱心便是一种圣心。大教育家裴斯泰洛齐面对"大多数身体有缺陷，很多人有慢性皮肤病，使他们步履不便，或是头上长癞疮，或是衣衫褴褛，满身虱子；很多人骨瘦如柴，形容枯槁，目光无力；有的是不知羞耻，习于伪善和欺骗；另一些儿童为不幸所折磨，变成猜疑、胆怯的人，完全缺乏感情"这样一些孤儿、弃儿、病儿、弱儿，裴斯泰洛齐和他们"一同哭泣，一同欢笑……"，"他们生病时，我在他们身边；他们健康时，我也在他们身边；他们睡觉时，我还在他们身边。我最后一个睡觉，第一个起床，在寝室里，我们一起祈祷……直到他们熟睡为止"。被孩子称为"慈父"的裴斯泰洛齐说："我的目的在于使他们过着共同的新生活，产生新的力量，在孩子们中间唤醒他们的兄弟般的情谊，使他们成为热情的公正的亲切的人。"他用自己的行动谱写了"爱的教育"的人类奇迹，他是我心目中的"爱心之父"。从裴斯泰洛齐身上，从苏霍姆林斯基身上，从陶行知身上，我们都能感受到一个共同的特征，那就是爱心。我们要向他们学习，以一颗赤诚的心去爱每一名学生。

（三）有正义感

一个优秀的教师，应该是一个能够准确判断学生、富有正义感的人。

《放飞美国》的作者矿矿在他的作品中给我们介绍了一位人格魅力远远超过比尔·盖茨的教师——亨利克，在孩子们的心目中，亨利克是他们生活中一个实实在在的楷模，他们200多名学生愿意为了他甘冒停课10天的风险去罢课。在矿矿心目中，亨利克更是一位"最喜爱的老师"。我们不妨来听一听矿矿给我们讲的故事：

关于斯小姐指控我们的"罪状"（注：矿矿在书中写了科学课老师斯小姐因不喜欢矿矿和他的朋友麦德，到派克校长那里诬告他们"种族主义"，要求校长给两人停学处分的事），亨利克先生是怎样看待这个事情的呢？

发生"风波"那天，我的最后一节课是亨利克先生的社会研究，我收到了要我到校长办公室去的条子。那不是一张"请到办公室来一趟"这样的正常纸条，而是"立即到办公室来"！

所有的孩子都说："哎呀，矿有麻烦了！"

我笑了，因为当时我是压根儿没联想到会是斯小姐诬告了我们。

当我带着一肚子火离开校长办公室回到亨利克先生的班上后，我只是立即把办公室的回条交给他。我并不打算告诉亨利克先生发生了什么事情，因为我不想让他来趟这个"浑水"。教室里，同学们都围了上来，七嘴八舌地问到底出了什么事。我再也沉不住气了，愤怒地大叫起来："他们想给我停课三天的处分……"

同学们都走了。教室里只剩下亨利克先生和我两人。亨利克先生走过来，问我究竟发生了什么事情。

我只是把事情简要地告诉了他。我就去找斯小姐"算账"……

第二天，我和麦德就该不该把事情告诉亨利克先生争论了一番，因为我们既想让他知道此事，又不愿他受到牵连。后来，我们决定，如果亨利克先生问起，我们就说；如果他不问，我们就什么都不说。

那天，在亨利克先生的课堂上，一切都正常如前。我和麦德坐在角落小声地交谈，我们在商量如果又被叫到办公室，我们应该说些什么。我们俩都十分沮丧，根本没注意到课堂在干什么。看起来，我和麦德的沮丧神情一定引起了亨利克先生的注意，后来，当其他的同学做课堂作业时，亨利克先生走到我们这里来。他刚一张口问，我们就立即把事情原原本本地告诉他。我们并没有去找他，是他主动来找我们的。他从心里一直都在关注着我们。

听我们把事情的来龙去脉说了一遍后，他坐在那儿沉默了好一会儿，微微摇摇头，说："我真不知该说些什么……"

那是一个多么难堪的沉默呀！我想，把亨利克先生扯了进来，这实在是一个馊主意。麦德也一定是这样想的。

亨利克先生有多为难呀，他必须要在保有自己的工作及声誉和保护我们之间做出抉择。按照一般的逻辑和推想，人们选择的一定是前者。亨利克先生是老师，那是他养家糊口的职业，在他的工作合同中没有任何一条是要他为了两个学生而去走钢丝的。我和麦德绝不期望他去干些什么，我们只是想有一个我们信赖的人能给我们一些主意和忠告。

第二天上午，在校车上，麦德和我又交谈起来。我们确信斯小姐是完全错误的，但我们又能做什么呢？老派克是不会改变他顽固的立场的，除了我们的父母谁又会来为我们说话呢?！我想，不管是错是对，所有的老师是"应该"站在学校一边的。这也就是为什么派克校长根本就不听我们解释的原因。因为这是他的工作——永远站在老师一边。

然而亨利克先生终于做出了他的选择。

当我们走进亨利克先生的课堂，也就是一天的最后一节课，麦德和我也并没有任何期待。亨利克先生安排全班同学有些事情干后，他把我俩叫过去。他又能做什么呢？我和麦德没有任何幻想。

亨利克先生异常庄重而严肃地看着我们。

他非常平静、非常认真地说："好啦，小家伙们，事情是这样……"这是亨利克先生绝少使用的说话语气。他继续说道："昨天听到发生在你们身上的事情，我觉得我实在是有责任去'有所作为'——do something。所以呢，我给校长助理写了一封信，后来我又给校长派克写了一封信，告诉他们我已经教了你们快两年，我非常了解你们，你们虽然有些调皮，但是你们绝对不是坏孩子，你们很坦诚，学习很努力，斯小姐的指控不是你们的特征……因此，我想你们不必再担心什么了！"

当时，我是绝对地慌了手脚，不知所措。理由有两点：一是亨利克先生这样做，显然是与学校对立。因为我们已经告诉过他：派克先生对我们说了些什么，对我们是什么印象。亨利克先生不是直接挑战校长吗？这不是当着上司的面说"NO"吗？二是亨利克先生曾经因为为学生辩护而有过麻烦，现在他竟然又为了我们出头……

那天从教室出来以后，我们确认了一件事：假如亨利克先生因为这件事情招惹了麻烦或者甚至被解雇了，我们将举行一次公开的罢课。

罢课是合法的，但要这个计划起作用，我们需要大量的学生与我们一道罢课。知道吧，罢课一次就要被学校自动停学10天，但是我们觉得如果亨利克先生为了我们而拿他的工作来冒险，那么为了他，我们承担10天停学的风险也是公平的。

接下来的那几天，我们开始串联，把真相告诉我们认识的每一个人。让我们又惊又喜的是，几乎每一个我和麦德接触过的同学都一致同意，如果亨利克先生因此而招惹了什么麻烦，将为了捍卫亨利克先生而罢课，而且宁愿接受停学处分。

假若你在此前仍不确信亨利克先生是个好老师，现在该相信了吧！

斯小姐计划给我们的惩罚是停学，现在我们和所有天赋班的同学以及另外约100个同学都要为了亨利克先生承受这个惩罚。只要亨利克先生的名字被从门上拿下来，我们200名学生就要举行罢课。

亨利克先生是真正的出类拔萃的老师和朋友的结合。当我现在回过头来想，我真不敢肯定如果我处在他的处境是否能像他那样做，世界上有谁会为了两个4个月后将要毕业离校的学生，拿自己的工作和生活来冒险呢？

亨利克先生是个老师，是个真正在学校教书育人的老师。他不只是教社会研究，他还教会了我：一个男子汉能做到什么。

没有他给学校的两封信，麦德和我绝对是过不了这关的。

更重要的是，我现在理解到了一个人能对另一个人的生活产生影响。这就是为什么亨利克先生始终是我遇见过的最好的老师。

[矿矿.放飞美国.南宁：接力出版社，2001.]

读完这段故事，能给我们什么启发呢？作者矿矿是这样看的："老师和学生之间的分界远不止'一个教一个学'的概念。在我的眼里，一个好老师是远远超出这个界定的。一个伟大的老师会怀着'一切为着学生好'的观念，在任何情况下去帮助学生。"故事中的亨利克为了学生的利益，甘愿冒丢失自己的工作职位的风险，也要为孩子们辩解，伸张正义。以心换心，孩子们也愿意为这样的老师牺牲自己上课的权利。同时还可以看出，亨利克为学生"打抱不平"，绝不是盲目的，而是建立在对学生的深入了解上，建立在对学生的品行的准确判断上，因而正义感、"我把学生放在第一位"的理念促使他义不容辞为学生声辩。

（四）胸怀博大

诺贝尔医学奖获得者英国著名解剖学家麦克劳德，每每谈及他的成功时，总念念不忘小学时校长对他的惩罚。事情是这样的：他是一个好奇又好动的男孩，一天，他把校长的宠物狗给杀了，全校师生都在看校长如何惩罚他，哪知校长当众宣布他的处罚决定：要求麦克劳德画一张狗体骨骼图和一幅狗的血液循环图。从此以后，麦克劳德对解剖产生了极大的兴趣。麦克劳德常常向人们讲述这个故事，他说是这个小学校长造就了他。我们从这位小学校长身上看到了他那宽广而博大的胸怀，对孩子的理解，对孩子的宽容，对学生的尊重，接纳孩子包括接纳他的缺点，这是一个优秀教师应该具有的人格特征，一种宽广的人文襟怀，一种教育家的风度。

现实中我们常常可以看到一些不尽如人意的事情。一个小学六年级的学生写了一篇文章：题目是"这件事真使我高兴"，内容如下：

"刘笛！由于你课余时间调皮，暂时取消你加入少先队的资格。"吴老师对我严肃地说。我惭愧不已……

事情是这样的：

五年前，我上一年级。到了选少先队员的时候，同学们都尽力在老师面前表现自己，我也不例外。这样，我成了加入少先队的第一批人选。同学们很羡慕我，我也很高兴，妈妈奖励我，带我去吃"麦当劳"。没想到，第二天这个资格就被取消了。

那天下午，同学们几乎都来了，可是管开门的张博没来，他误了班车，得半小时后才能来。同学们都指望着我，让我想办法。情急之下，我发现有窗户开着呢，就三下五除二翻窗进去，从里面把门打开了。同学们都进了教室。直到上课，张博也没来。

吴老师走进教室，看见张博的位子是空着的，便问同学，门是怎么打开的。同学们一齐把目光投向我，我的心上顿时压了一座泰山。就这样，老师撤销了我当少先队员的权利。

我想，不行，怎么能因为这一件事情就当不成少先队员了呢？我决定将功补过。

事后有一天，上学的时候，天上忽然乌云密布，下起倾盆大雨，我们学校门前的大土坡上，泥泞不堪。我忘了带雨具，拼命往学校跑。到了校门口，我看见吴老师推着自行车，焦急地站在坡下面。她无法把自行车推上去，正在发愁。我跑过去说："吴老师，我来帮您！"我使劲把车一抬，自行车不情愿地上坡了。我的鞋上全是泥，脸上也是泥，但我心里很高兴，我体会到了帮助他人的快乐。

当天第一节课上，老师评选少先队员的时候，再次读到了我的名字。

这件事真使我快乐。

[王晓春. 从一篇学生作文看教师的思维方式.]

刘笛做了两件好事，第一件挨了批评，第二件受了表扬。我们从这个故事中可以清楚地看出一些教师的思维方式：他们心目中学生做的好事，往往是那些最表面的和最单纯的事情，他们不善于从那些令他们不快的事情中看出孩子的优点，他们是自我中心的、情绪型的管理者。

这位吴老师，当孩子帮她推自行车时，她认定这是孩子的优点，而当孩子跳窗进教室给同学开门时，她就做了错误的判断，说这是淘气，是坏事。其实对于刘笛来说，这两件事性质一样，都是助人为乐，他是一年级的孩子，想不了那么多。吴老师若公开表扬刘笛愿为同学服务的优点，然后附带说一下以后不要随便跳窗子，恐怕是比较合适的，而这种暂停刘笛加入少先队权利的处理方法很不妥当。幸亏刘笛抗挫折能力强，不记仇，才得以峰回路转；若碰到一个个性较强、死心眼的孩子，就可能从此退步，甚至成为老师的对立面。这种孩子我们见过不少。

吴老师并不是一个对孩子抱成见的人，她允许孩子改正错误，她对工作也负责任。她的问题是在她的襟怀上，她不能容忍孩子的一点点缺点，不能理解孩子的心态动机。吴老师的思维方式也有问题，过于死板，太专注直接的、表面的东西。我们的教师常常会有一种控制人的欲望，一些长期担任班主任的教师更是管人的欲望过于强烈，总想控制别人，制服学生，而唯独缺乏民主精神，缺乏人文襟怀。用一种不相信学生、只相信自己的思维方式来处理问题，来教育管理学生。如此教育不要说教师无人格魅力可言，还往往会抑制学生的创造性。有创造性的孩子往往是把做好事和闯祸搅到一起的，因为在他脑子里，不会有我们成年人这样明确的是非观念。你管得紧，他自然不敢做坏事了，可是也就不会有多少创造了，他就只能做那种规规矩矩的公认的好事了。就说刘笛吧，跳窗子一件事，帮老师推车一件事，作为一个六七岁的孩子，若就胆识和创造性来说，第一件事比第二件事更值得注意和称赞。司马光砸缸救朋友，就是一种胆识，一种突破常规的思维方式，一种处理突发事件的智慧。如果司马光死记"无论如何不可以毁坏财物"的教导，恐怕他的朋友掉到水缸里他只有呼救了，等到大人来了，那小朋友也许就淹死了。所以教师遇到孩子做出格的事情的时候，不要急于主观地给出负面的结论，要询问孩子的想法，寻找其中的积极因素，否则孩子倒是越来越乖，遇事却束手无策，真正是被大人管傻了。我们的学生现在创造性如此缺乏，跟这种简单死板的教育方式大有关系。

方法的简单和死板意味着教师对自己缺乏信心，怕宽容一个学生，其他学生都闹起来。有一本心理学书上说，智商越高的人越喜欢面对不太确定的、富于挑战性的局面；反之，能力比较差的人就特别怕乱，他们喜欢确定的、一成不变的、一清二楚的局面，一乱就焦虑。这说法有道理。把学生管得过严过死，往往说明教师真正的教育能力比较差。方法的简单和死板还意味着思想的肤浅和心胸的狭窄。那位外国校长对"杀狗事件"的处理，使我们看到他人格的光辉，他看得远，想得深，有海纳百川的气魄。而我们有些老师总是跟孩子较劲，给人的感觉是小心眼。方法的简单和死板还意味着识别能力差。慧眼识英雄。火眼金睛的孙悟空能看出神仙和妖怪，肉眼凡胎的唐僧就看不出来。要透过孩子出格的举动看出其积极因素，没有"火眼金睛"是不行的。有没有"火眼金睛"，是真正的教育者和教书匠的重要区别之一，是教师素质高低的一个重要标准。

不妨再看一看德国教师是如何与学生对话的。

在正式讲课以前，京特夫人喜欢问问班上的孩子昨天过得怎么样，大家七嘴八舌地抢着告诉老师一些看到或遇到的有意思的事情，诸如"我昨天和汉斯别特一起去游了泳"，"我参加了学校乐队的排练"，等等。因为德国的学校一直考虑学生的课业负担过重会影响精神与身体的发展，因此没有定期的月考、期中考试和期末考试，安排的多是临时考试；学生们也没有什么作业压力，尤其是小学生，老师一般不给他们留什么家庭作业。孩子们会有很愉快的闲暇时间去从事自己爱好的活动，他们的趣事也就特别的多。京特夫人对孩子们的关注使她赢得了无数份亲密而纯真的情感。

在另一所学校里，贝蒂娜和班上的很多同学一样，愿意让老师这位朋友分享他们内心深处的感觉，他们的老师甚至还知道一些连孩子们的父母都不清楚的事情。课间的时候孩子们经常围到老师身边去，有时凑在老师的耳旁说悄悄话，有时与老师手拉手谈心，在兴奋的时候还会给老师一个拥抱，在学校里洋溢的是大家庭的融洽和谐气氛。

这些学校里日常生活的片段，体现了老师们实践的德国教育中的一条重要宗旨，即注重人格化的引导功能。德国教育家奥托就提倡学校要有家庭般和睦的精神氛围，他说："学生由他们的家长送到我这里，我先把他安置在我旁边，然后询问他们对我有什么要求。我和他们快活地交谈，犹如家内餐桌上的交谈一样。这种师生自然欢愉的交谈，就是综合教学的开始。"可见，能与孩子进行精神上的对话，这正是进行精神教诲的必要前提。

（五）和谐民主

有现代意识的教师，应该是以人为本的教师，能够做到师生平等，在他们的教学中能够创造和谐民主的氛围，为学生提供创造性的土壤和环境，而不是那种急功近利浮躁的心态环境。这样既造就了教师个人的魅力，使之给人可亲、可信、可敬的感觉，又为学生成长提供有利的条件和机会。物理学上超导机制的阐明就是一个有力的佐证。

超导现象是 1911 年发现的，即一个物体在进入低温状态时电阻就消失了。但究竟是什么原因导致了超导现象，几十年来世界上一些有名的物理学家包括一些诺贝尔物理奖获得者，都没有研究出结果。到了 1956 年，有一个年轻人拜诺贝尔奖得主巴丁为师，巴丁就给了这位名叫施里弗的研究生 10 个题目，让他自己挑一个。（今天我们许多大学却不是这样的，一个博士生在选论文题目时，导师通常会给学生一个这 3 年里稳能做出来的题目。这样虽然顺顺当当，但这样做的结果是使学生丧失了一次重要的机会，因为这样的题目学生再怎样花力气去做也是做不出大东西来的，至多发一篇论文而已。）结果这个学生挑了第 10 个题目，巴丁一看就对他说，这是很难的题目，很多人没有做出来，而他的学生说我有兴趣，我想做。巴丁想了一下对他说，你反正年轻，即使浪费 2—3 年也没关系，所以就同意他做了。当时如果不让他做也没错，因为这种题目完全不是你学生做的，但这个学生就与一次伟大的发现失之交臂了。教师的平等意识和非功利心态，就是一种创造的土壤，没有这样的土壤再好的花也开不出。

后来的一天下午，有人请施里弗吃饭，他提前到了，但他出于礼貌就先在门口的小花园里坐了一会儿，一边休息一边在想这个题目，突然他脑子里闪过一个新的想法，难题似乎有解了，但他吃不准，第二天他就去找巴丁，巴丁一听他说完就说，关键点给你找到了。但究竟行不行呢？巴丁就让他的师兄、正在念博士后的库珀去计算，一算出来后难题就解决了，最后三个人共同获得诺贝尔奖。

[http：//topic. xywy. com/wenzhang/20060418/22281. html]

从中我们可以看到巴丁作为教师的人格魅力及其价值，没有他的指导和他对学生的尊重和支持，也就没有最后可喜的结果。

平等使学生易于亲近，也愿意亲近。有一个非常典型的外国教师的事例值得研究。

这个外国教师是一所学校夏令营聘请的美国教师斯告特。"洋孔子"是他的绰号。他是教育博士，人很文静，三十岁左右，讲话轻轻地。乍一看，没什么特殊的威严。可就是奇怪，他上课学生特别爱听，就连一些老师也特别爱听。

斯告特上课，从一进门开始，到打下课铃结束，一句中文都没有。但大家的注意力都集中在他的身上。

更奇怪的是斯告特从不大声说话，每一句话说出来都是轻轻地。那样子就像当年中国的孔子给弟子讲学，娓娓道来，让人如沐春风。虽没有扩音器，但弟子三千，贤者七十二，人人都认真听讲。班里秩序照样不乱。而"洋孔子"用的声音始终是那种温和、平衡的声音。有一次他来上课，教室里人声鼎沸，不少学生在讲话。"洋孔子"走上讲台，一句话也不说，他从西服兜里掏出一张相片，让大家看。相片上是一个七八岁的小女孩。他讲："This is my daughter（这是我的女儿）。"讲完这句话，学生们开始安静，不少学生把目光集中在相片上。

这时斯告特又把手伸进西服，掏出第二张相片，相片上是一个三四岁的女孩。"This is my second daughter（这是我第二个女儿）。"此时学生们爆发出一阵笑声，都产生了极大兴趣。大家好奇地将两张相片进行比较。此刻，只见斯告特再次把手伸进兜里，但半天他也没往外掏。

这时全班同学把目光都集中在斯告特那只掏兜的手上，此时，真是无声胜有声。他仍然是那么安安静静、斯斯文文地慢慢掏出一张更小的小孩相片。这回没等他讲话，早有同学们用英语喊了起来："This is my third daughter（这是我的第三个女儿）。"斯告特轻轻地讲："很好！你们讲的英语单词发音和语法都正确，但内容讲错了，这不是我的女儿。"大家哄堂大笑，斯告特平静地不露声色地指着第一、第二张相片讲"这是我的女儿"，再指着第三张相片讲"那是我的儿子"。他话音未落，全班大笑了起来。课堂气氛轻松而愉快。

斯告特掏出三张相片仅仅用了三分多钟时间，但他连续三次介绍了同一个重要句型，并且变换了代词和人称。这实际上是一次相当精彩的句型示范教学活动。学生完全可以根据这一示范句型举一反三，自己出示一些物品，然后一一介绍"这是什么？""那是什么？"可以说，这几分钟是轻松愉快的，但又是精心设计的，突出教学重点的，还是令人终生难忘的。

"洋孔子"所出示的相片完全是真实的，又是为教学服务的。他制造的英文教学的语言情景也是精彩的、恰到好处的。他既介绍了自己的真实情况，又示范讲解了重要的英语句型。可以说，他轻声细气地介绍孩子相片是在不留痕迹地进行语言教学，同时表示了对子女挚爱的情感。他将生活与教学融为一体，将学生和教师联系为朋友，使人感到听"洋孔子"讲课就像和朋友谈天说地，让人完全感觉不到枯燥说教的痕迹。

当然"洋孔子"也有批评学生、"发火"的时候，可是他越"发火"，就越让人感到亲切、友好。有的学生甚至讲，能挨斯告特批评是一种享受。有时他们还故意制造麻烦自愿挨他批评。

有一个女生读一个非常简单的单词时，发音不正确，斯告特走过去，轻声地说："我没听清楚，能不能再读一遍？""可以。"女生大声读了一遍，当然还是错的。但斯告特并不直接指责学生，而是再次询问女生："刚才我讲这个词发音时，是不是没有强调重音？""强调了！""噢？是我忘了，没读重音？"女生不好意思地笑了，接着马上又用正确的读音念了两遍。"很好！你很聪明！"斯告特给女生一个会心的微笑和发自内心的称赞。女生改正了错误，接受了批评，同时脸上还露出了笑容，明显地看得出来她很接受这种批评。的确，这是一种享受，她一点也不觉得这是批评。既接受了批评，改正了错误，心里还十分快乐，谁不愿意接受这样的批评呢？检讨自己提示学生意识自己错误的方法，的确是一种批评的艺术。我认为虽然"洋孔子"斯告特相貌平常，没有什么惊人之举，也没发出什么豪迈语言，但他之所以受到学生欢迎，之所以取得良好的教学效果，关键在于他对学生的尊重和巧妙的教学设计，以及他善良、美好的人格。

斯告特认真研究教学，认真备课，精心设计教学情境、教学活动。每次上课他都带一大包新鲜资料，常常让学生感到耳目一新，兴趣盎然。斯告特从心底里热爱学生，他从不用贬低斥责的语言或鄙夷的腔调。即使是批评，他也总是采用委婉的、询问式的、检讨自己的方式，耐心地向学生询问，检讨自己是不是有教学失误。与其说这是一种教学艺术，不如说这是一种高尚的人格修养。教师越尊重学生，越注意讲话方式，越严格要求自己，越近乎苛刻地检讨自己，学生就会越尊重教师，越发主动自觉地检查自己的错误。实际上斯告特采用的是以身作则、以柔克刚，以精湛的教学水平影响学生，以高尚的人格力量感染学生的教学方法。

另外，斯告特在教学中不是单纯地讲授知识，而是十分重视传达做人的道理和做事的修养。他能在课堂上介绍自己的孩子，体现了他对孩子的爱心。一个不爱自己孩子的人，也不会爱自己的学生。他明明知道学生错了，但不直接指责学生，而是采用询问的语气，首先检讨自己是不是没听清楚学生的读音，这体现了一种严于律己、宽以待人的人格修养。

斯告特是一名外国教师，他的这些做法对学生有潜移默化的影响。从他身上，我们看到了孔子所提倡的"循循善诱""诲人不倦"的教育风格。这不仅仅是一种中国式的教学风格，而且是一种人类的优秀教师的共同人格。从某种意义上讲，教师人格是相通的。无论中国古代的优秀教师还是国外现代的优秀教师，其高尚人格的影响力是相同的。教师人格影响比教师讲授的知识更重要，因为教师人格常常影响学生的一生，教师不仅是在教学生知识，而且是在教学生做人，做事，做学问。

中国有句俗话叫作"亲其师，信其道"。学生只有热爱自己的老师，亲近自己的老师，才会热爱学习生活，听从教师的教诲。

所以说，不管外国的教师还是中国的教师，拥有高尚的道德修养和让人亲近喜爱的人格魅力才是至关重要的，这是取得良好教学效果的特殊法宝，也是成为让学生信服的优秀教师的必由之路。

三、知识才学

（一）博闻强识

周国平说："我心目中的好老师最主要的是两点：一是他本身热爱智力生活，热爱知识，有学习、思考、钻研的习惯，亦具备良好的智力品质；二是爱学生，拥有广博的'父母本能'，真正把学生当作目的，能把学生的进步感受为自己的重大人生成就并为之欣喜。这样的老师，因为第一点，学生敬佩他，因为第二点，学生喜欢他。"[1] 周国平所说的第一点就是要求教师应该有广博的知识，博闻强识。一位教育家曾说过："教师一方面要献出自己的东西，另一方面要像海绵一样吸收东西，从人民、生活和科学中吸收好的东西，再把这些东西献给学生。"在这个时代里，知识和技术发展更新的速度越来越快，让人们应接不暇，知识不再只是一次性的储存物，而是一种可用此不断开拓、不断补充的武器。对于教师来说，他们固有的知识在浩瀚的知识海洋

---

[1]　心田. 我心目中的好老师：访周国平先生［J］. 教师博览·原创版，2011，5（32）.

里就如同一滴水，因此驾驭知识、补充知识的终身学习能力对他们来说就如同人体的呼吸、消化功能之于人体健康那样重要。

但实际情况并不理想。《文汇读书周报》2001年3月17日报道了浙江省杭州市萧山区教委教研室朱贤华对教师读书状况的调查，结论是：中小学语文教师读课外书极少，现状很不乐观。具体表现在：（1）对当代作家作品了解不多。在问卷调查中，能够写出茅盾文学奖获奖作品《白鹿原》作者的竟没有一人，能够写出《文化苦旅》作者的也只占11%，能够写出王蒙和刘心武的代表作或成名作的分别占8%和13%，能够写出舒婷和雷抒雁两位诗人的代表作的就更少，分别为6%和2%，约有16%的人把贾平凹的代表作写成《废都》。（2）对青少年读物缺乏关注，调查中绝大多数对《花季雨季》等适合青少年阅读的优秀作品知之甚少，只有少数人听说过有这么一部电视剧。（3）对当代期刊留意不多，尤其是一些可以作为中学生课外读物的期刊，如《读者》《青年博览》《青年文摘》等了解不多。调查者认为，这一现状产生的原因较多，简单化的应试评价体系是许多教师只读课本不读"闲书"的一个重要原因；教务之外过于繁杂的事务，耗费了教师大量的时间和精力，有的甚至疲于应付，很难静下心来认真读书。这些都是客观原因。假如教师主观上有强烈的求知愿望，有一种上进的动力，有一种自我塑造的要求，那么这一切又是另当别论了。这一现状导致教师缺少对学生阅读的有效指导；此外还导致了教师语文教学视野的封闭与狭窄，以及教学中人文精神的缺乏；更重要的是导致了语文教师知识结构陈旧，知识老化，语言无味，教学无趣，毫无个人魅力可言。

中国工程院院士徐匡迪对教师的学识提出三方面要求：广泛深厚的文化科学基础知识，扎实、系统、精深的专业学科知识，全面准确的教育科学知识和心理科学知识。他希望教师成为走在时代前列的人。作为一个有人格魅力的教师，起码应该具备三个方面的知识，即教师的本体性知识、条件性知识和实践性知识。教师的本体性知识，也可称为学科性知识，指的是教师所具有的特定的学科知识，如语文、数学、英语知识等。它是教师成长的必要条件，但不是充分条件。教师的本体性知识与学生成就之间并不存在着统计上的直接相关性。也就是说丰富的学科性知识并不是成为有魅力的教师的唯一条件。教师的条件性知识指的是教师所具有的教育学、心理学方面的知识。这种知识一般是动态性的，也是目前教师所缺乏的。所谓教育或教学，从通常的意义上来讲，就是教师将知识用儿童可以接受的方式，生动活泼地教给他们。"儿童可以接受的方式""生动活泼"就是教师的条件性知识，因此条件性知识是保障教师成功的前提条件。教师对条件性知识的掌握一方面同本体性知识一样，可以通过系统的学习获得，另一方面，更重要的是必须在教育、教学过程中逐渐地了解和习得，需要动态性地去把握和领会。教师的实践性知识指的是教师在面临实际的课堂情境时所具有的课堂背景知识以及与之相关的知识。它更多地来自教师的教学实践，具有明显的经验性成分。实践性知识对于教师的专业发展具有决定性的作用。事实上，教师的专业发展既是工具性和技术性相结合的活动，又是教师在实践中不断做出思考的过程。因为教育实践的情境总是处于不断变化之中，而原有的理论和知识只具有相对的概括性和普遍性，这就决定了教师不能仅凭所学的本体性知识和条件性知识进行专业的实践尝试，还必须面对充满不确定性的教育环境在实践中不断进行研究，如反思性教学，开展行动研究，把所学的知识与教育实践有效结合起来，才能逐步形成优化的教学实践，从而真正使教师的专业水平得到良好的发展。

（二）锐意课改

优秀教师总是不满足于现状，有强烈的进取之心，锐意改革，不断改进课程，与时代相适应，为孩子们的成长服务。我国课程体制上采用"国家课程""地方课程"和"学校课程"三级课程相容并包的框架。其中，学校课程是一个重要方面，而且国家课程、地方课程都需要校本化实施，教师积极课改，在课程改革的过程中能够实现自身跨越式发展。

其实教师内在的实践经验、研究能力、创造能力不但是客观存在的，而且有必要在包括课程发展在内的教育活动中得以展现。参与课程发展应该是教师专业生活的组成部分。专业自主是专业化的必要条件，专业自主意味着教师有权决定自己教授的内容，至少是参与其事。这一举措能够给教师、课程、学校、学生的学习成果，带来一些以往的教师—课程关系不能带来的好处。

教师参与课程发展可以促进教师的专业发展。因为介入课程发展之后，教师会面临新的教学观念、材料和策略的挑战，思考、应对这些新事物的过程，有利于教师专业上的进步。通过参与课程编制、改编和评价，教师会提高他们对自己和教育的理解，丰富其学科知识，并能够超越课堂的局限去思考问题和行动。此外，让教师参与课程发展，从理论上讲，可能增进教师对学校课程乃至整个学校的归属感，可以提高教师的士气、工作满足感和责任感，使教师对教学工作有更多的投入。

一般而言，教师参与学校决策的确能提高他们的工作满足感。有研究表明，参与课程发展的教师感到自己比原来能够教给学生更多的东西，而且教得更好，在课堂教学中更能指导学生使用学习材料和指导小组学习，对学生的期望有所变化。另有研究显示，教师参与课程发展与实施其参与发展的课程纲要之间，存在正相关；教师参与课程发展，可使教师对所教内容有更为充分的准备，也更为自信。

因为有教师的参与，课程可能会更为清晰、易懂，更容易被其他教师所理解。

虽然近20年间我国教师队伍的平均素质（主要是"外在素质"如学历）有了相当大的提高，但无论是与发达国家相比还是与我们自己的期望相比，都还有一定差距；加之长期以来从理论界到实践界都缺少"课程意识"，一般教师所接受的课程理论和技术的训练甚少。这种状况必将使我国教师参与课程发展的难度增加，也可能会成为许多人反对我国教师参与课程发展的重要理由。但是，在教师素质达到相当程度之后，在一般教师都拥有相当的课程理论与技术之后，再"放心"地让教师参与课程发展，可能是不明智的设想。地方/学校本位的课程发展，为地方/学校本位的教师培训（教师发展）提供了一个非常理想的舞台，让教师们在参与地方/学校本位课程发展的过程中提高自己，应该成为地方教育当局和学校决策者在看待教师参与课程发展时的一个重要视角。

教师培养重要的方面是现代教育理念的形成，这个既需要学校文化的长期浸润，更需要在学校教育行动中形成、养育，这就是行动培养。人的思想理念是在行动中建构的，人的思维方式也是在行动中改变的。教师的行动有两个重要的渠道：一是课程，二是课堂。培养教师就以这两个渠道为突破口，让教师不但参与课改，而且成为课改的主体；让教师不但研究课堂，而且成为新课堂的创造者。

深圳明德实验学校正在从学科重构、学科重组、学科重建三个方面进行全面的课程改革与课堂变革，与此同时明德教师的培养也同步进行。

第一，内容重构，让教师真正成为课程主体。一直以来都是专家编写教材，教师带着学生学习教材，这几乎成了中小学天经地义的惯例，这正说明教师成了课程被动的使用者，无法体现教师作为课程主体的意义。明德实施学科课程重构，以国家课程为基础，以国际课程为参照，引进、借鉴、整合、融合国际课程的优秀元素。第一阶段：以人民教育出版社出版的教材为主，参照各地出版的课程教材。这样的过程就是让教师自主选择教材内容，而不是被一种教材牵着走；不是被动地教一种教材，而是用多种教材来教学生。第二阶段我们将以中国出版的教材为主，参照优秀的国际课程教材，如 IB 课程、AP 课程、香港课程教材，更进一步开阔教师的国际教育视野，在更大的空间范围内选择教材，选择的过程就是教师作为课程主体研究课程的过程，这是教师创建自己课程的前提。第三阶段将中西方课程融会贯通，让教师学会创造明德自己的学术教材，教师作为课程主体的意义将得到充分显示，教师的课程建构能力将得到充分锻炼。

第二，学科重组，让教师建立以生为本的课程意识。理论界一直在争论儿童中心、学科中心，毋庸置疑，学科教学固然有其不可替代的意义，但是不能因此忽略学生主体的意义，也就是任何学科教学都应该是以学生为主体的，都是为了教学生，为了让学生掌握解决问题的实际能力，成为一个有用的社会人。教师跨学科教学，就能带动学生跨界思维，面向社会现实的真问题。明德部分课程内容跨学科多维组合，架设学科通道，打通学科壁垒，就是着眼于让教师建立以生为本的课程意识，从而让学生学会解决社会生活的实际问题。其方式有专题重组、戏剧重组。专题重组，文科类的有：以中国历史为主轴，将语文、中国地理、政治融会贯通；以世界历史为主轴，将英语、世界地理、政治融会贯通。理科类的可以生命为主题，或者以环保为主题，或者以新能源为主题，或者以航空航天为主题，把生物、化学、物理、数学、计算机相关课程组合在一起教学。我们的教师已经进行了有益尝试，语文课的《木兰诗》与历史课的"府兵制"整合在一起，语文课的《石壕吏》与历史课的"安史之乱"整合在一起。戏剧重组：小学可以开设儿童舞台剧，中学可以成立莎翁剧社，这种课程把语文、英语、音乐、舞蹈、历史、思想品德等课程组合在一起，营造具有文化意蕴的教学场域。

学科之间重新组合对于学生实际能力的培养、整体素质的培养十分有好处，学科的教学是学科视界，着重于本学科系统知识体系的学习；学科间的组合，是生活视界，着重于对知识体系的应用，更着重于人的整体思维，着眼于人的成长。

第三，课堂重建，让教师成为新课堂的创造者。课改以来，很多学校就进入课改状态，但是很多课改的成功经验基本停留在形式化的程序课堂模式的建构上，更可怕的是由于媒体大力宣传甚至炒作，相关教育管理机构的指令要求，这些成功经验似乎成了放之四海而皆准的标准，基层学校不加分析，不加对照，奉行拿来主义，整齐划一的照搬，这几乎成了当下基础教育的一种潮流。一些学校或热衷于在教学顺序上颠过来倒过去，比如"翻转课堂"；或者在教学环节上增加什么减去什么；或者在教学程序上固化一种严密的程式化步骤，比如课前如何，课中如何，课后如何，教师讲课时限最大多少。这些模式建构不能说没有作用，但是最大的问题就是教师成了被动的模仿者，而不是根据本校、本班、本人的学情、教情、校情主动地去创造，学校是千差万别的，学生更是千差万别的，我们更需要的是教师根据自己教与学的实际情况进行创造性的课堂建构。

明德教师的课堂重构，既有在形式上的变化，也有更高层次的课堂重建，即着重于课堂里的思维流量的课堂重构，把课堂的主要目的定位在学生思维能力的发展上，设计丰富的、适切的、具有挑战性的、促进深度参与的高级思维活动任务来构建课堂，从而促进学生思维能力的提升。有的教师创建多维视角的课堂，也就是在教学中启发学生从多个维度看问题，从多种角度看同一事件，激活学生的思维，学生就不再是被动接受，而是主动地思考、选择。让学生知道相同，知道差异变化，知道相反，多角度看问题，学生的思维才能真正活跃起来。有的教师创建充满矛盾冲突的课堂，也就是说课堂不是片面传输，而是充满思维矛盾，让学生的思维出现矛盾冲突，才能让学生加深对问题的认识；有冲突，课堂才有深度。两种矛盾对立的观点同时交给学生就会激活学生的思维，让他们比较，让他们充分讨论，引导学生学会自我导向学习、问题导向学习及深度学习、反思性学习，激发学生深入探究。有的教师创建批判思维的课堂，学生是学习的主体，他们在课堂里不是简单的了解、认同和吸收课本上的知识和老师的讲解，而是要勇于质疑，从不同的角度、不同的层次上来审视教材内容，与课本对话，与教师对话，摆脱原有的思维定式，或者是在批判基础上的认识、吸收，或者是另辟蹊径，发现新的问题，进而形成对教学内容的新认识。打开课堂，给孩子们一个宽广的思维空间；打开学校，给孩子们一个无限的想象世界。鼓励孩子勇敢地尝试、勇敢地实践、勇敢地探索；鼓励孩子们勇敢地质疑，勇敢地挑战，质疑课本，质疑专著，质疑教师，质疑名家。教师以宽容的心态面对学生，倾听学生的见解，哪怕是错误的，也要让他们把错误的思维过程陈述清楚，教师就是要以包容的心态接纳异己，发现其是或者非，予以评说。

教师一定是在教育行走的过程中成长起来的，课程改革、课堂变革一定是与教师成长相伴相随的。

四、思 想 见 识

除了应该具有较为广博的知识以外，教师还应该勤于思考，培养自己的思想见识。从教师自身而言，教师应该是知识分子，现实却不然，知识分子应该有"知"有"识"，大学毕业的教师只能说是有了一定的专业知识，但不一定有思想，有见识。知识分子的魅力既体现在有系统的"知"，还体现在他能批判性地思考。从教育他人而言，教师丰厚的文化底蕴，深刻的思想，鲜明的个性特征，必然会影响学生，影响学生的个性养成；教师积极的创新精神，也必然会影响学生创新意识的形成。

思想见识、创新精神从何而来？思想从思想中来，教师要学会思考，既要居高临下，也要脚踏实地。比如关于长城有很多种说法，但现在有人说它像中国的庭院，而中国的庭院又像人的一张嘴。筑长城就像筑篱笆墙一样围一圈，表明这是我的地盘，归我占有。这种说法很有新意，居高临下才发现长城像庭院，居高临下才发现庭院像嘴。再说脚踏实地，亚历山大远征军来到印度，看到前面有一群和尚在原地跺脚，大惑不解，叫人上前询问。和尚说：不论你征战到哪里，你所能真正拥有的不过是脚下的一点土地。这番话对我们不无启发，我们脚下的土地，就是我们现在所从事的教学，这是工作创造的根本所在。

要具备创新精神，还要学会否定，敢于否定，没有否定哪来的创新？科学之所以是科学，不在于它的可证实性，而在于它的可证伪性。辩证法就其本质而言，是不崇拜任何东西，在对事物做肯定的理解的同时，也包含了对事物的否定理解。我国著名思想家庞朴 80 多岁的高龄还提出一分为三的新观点，而且言之成理，十分难能可贵。我们教师也应该具有这种精神，敢于否定自己，敢于否定过去已经习惯了的东西，敢于否定权威认可的东西，这样才可能有所创新，有所发展。

思想从学习中来，学习既可以是读书，也可以是读脑。现在有一种可怕的现象，语文老师不读书，被许多莫名其妙的试题耗费了许多时间，甚至连读小说的时间也没有。如此下去，教师的知识库存将会越来越少，知识结构越来越陈旧。教师应该不断更新自己的知识结构，使自己跟上时代，经常读书，经常读脑。所谓读脑是指听专家报告，和同行讨论，直接吸收人们脑海中最新的东西，产生碰撞，激活大脑，激活思维。这是一种很有效的方法，能够使教师不断更新知识结构，站在教学研究的最前沿，努力去研究探索，成为一个名副其实的研究者、知识分子。

（一）阅读他者

思想见识来自广泛的学习，学习来自欧美发达国家的教育实践，学习即阅读。

改革开放以来，国人相继走出国门，去学习西方的经济，西方的管理，西方的文化，西方的教育。这就引出了如何学习人家经验的问题，即如何阅读他者。学习就是阅读，"西方"就是"他者"。

为什么要阅读他者？如果教育处于常态的稳定时期，"秀才不出门，了知天下事"，可能是个真理，但在教育急剧变革、转型时期，教育的事实系统已经和原有的语言系统、理论系统有距离了，各地、各校教育实践之间也有距离了，没有比直接的、眼前看到的东西再抽象的了，只有真理——抽象的真理才是具体的，因此，我以为转型时期必须优先阅读教育实践这本大书。

这种阅读的立场是什么？一直以来教育总在找方向，却没有去找立足点。一个不知道自己在哪里的人是无法出发的。这个立足点就是立场，你站在哪里，站在什么样的时空来看问题，因为这决定了你观察问题的整个视角。所以立场的第一个含义是时间含义，时间分为物理时间、历史时间。历史时间更重要，各个国家在整个的发展史、发展历程上并不是站在同一历史时间段上的。立场的第二个含义是空间问题，站在我国这片国土，站在中华民族这个立场，站在十三亿人的立场上。我以为就是以中国教育为方法，以中国教育为中心，以中国教育为立场，从内向外看，由下往上看。毛泽东 1940—1942 年"延安整风"运动前期的著作，就提出了"以中国为中心"的口号。走出国门，阅读西方教育，意味着我们应该以中国教育为立场，意味着对于中国教育自身的历史经验，包括近现代以来的教育经验，尤其是改革开放 30 年来教育改革的经验，必须重新加以梳理，不能随便用西方的教育理论加以套裁，反对以西方教育为中心来考察中国教育自身的事物。立场决定观点，观点就是你站在那个立场上，在你那个视角里面呈现出来的那几个点，那几个基本的事实，就是你观察到的点。如果我们站在民族的立场，审视到什么是对我们民族当下最重要的，这个观点就很重要了。拙作《误读美国教育：中国英才教育批判》就试图实践这样一种主张，有意识地体现中国立场、中国观点。

研究中国教育需要尊重中国教育自身的经验，尊重中国教育自身的历史。西方的教育经验可以参考，西方的教育理论可以利用，但只是作为一个参考。以中国教育为中心，就意味着我们凭靠中国教育自身的经验有权修正西方教育理论，修正西方教育的实践经验，这就叫作西方教育的中国化。所以我们要做的工作是返回我们国家的教育国情，返回我们国家的教育历史，返回我们国家的教育改革现实，否则我们一不小心就会犯去土壤化、去背景化的错误，也就是说如何判断西方教育要以"中国教育是如何"的判断为基础。

这种阅读的方法是什么？我以为可以借鉴社会科学中的古今中外法。所谓"古今法"就是把研究的对象放到历史背景里面加以理解，就是要把当代中国的很多教育经验放到历史的经验里面加以考察，即要把教育现实的经验放到历史的流程里面去加以理解。在教育领域里，时间的因素非常重要，从历史的角度来讲，时间的变量就应该特别关注，因为事物在时间中发展，在时间中变化。我们不能直接观察到的事物，必须把它放到它的历史脉络中加以理解，否则不可能有真正的理解。所谓"中外法"，不仅仅是指中国和外国的比较，它还指要把你阅读的局部教育放到一个更大的教育整体中乃至社会整体中加以理解。这里说的是阅读西方教育应该有历史的维度、整体的维度。其实还应该有理论的维度，也就是说要把西方的教育理论和概念按照中国的教育语境加以语义学上的改造，通俗地讲，就是中国化。如果这个过程不完成，用输入的西方的教育理论、教育经验直接套裁中国是要误读中国的。用通俗的方法来解说，如果把 A 定义为西方教育，把 B 定义为中国教育，学习国外的教育理论或经验，我想有几种情况：第一，A 是最好的，B 应该是 A，那么就把 B 变成 A；第二，A 是最好的，B 应该学 A，结果 B 说的是 A 的一套，做的是 B 的一套；第三，A 是 A，B 是 B，把 A 好的东西化入 B，将 A 同化到 B 中。时下比较多的是第二种，而我以为正确的应该是第三种。

另外，把西方教育理论后面隐藏着的价值观念作为一个普世的观念，我们也会犯错误。价值观念从来不是普世的。价值观念的来源只能是本民族内在的需求和当下实践的需求，价值来源于内部而不来源于外部。从文化的角度来讲，如果西方人权、自由、平等、民主是普世的，那么这些概念对中世纪的西方是不是普世的呢？另外，这些概念在西方产生以后是不是也有一个内涵的演变过程呢？从教育的角度而言，如果自由教育、以生为本、儿童中心是普世的，那么这些概念有没有一个发展的变化过程，有没有阶段性的特征属性？有没有一个空间、地域的变化？对于西方的教育理论、教育经验要按照中国的教育语境、中国的教育经验进行有效的修正，使它能切合和切中中国教育实际。如果我们主要使用西方教育理论来认识自己的教育现实，结果把实际硬塞进不合适的理论框架，那么我们永远也不能解释中国的教育为什么竟然会有那么多看上去彼此对立，实际上彼此相同互相拉扯的现象。我们不可忽略基本的社会事实和社会心态，我们必须把社会价值观、社会心态列入一个重要的教育事实，我们不能完全用实证主义的方法把人看成物。人就是人，人有文化差异，人有主观性。晚近德国的文化社会学或历史社会学学派，提出一套与实证主义不同的研究方法，他们认为人不是物，人具有主观性，人赋予自己行为的动机、行为的意义。

这种阅读的目标是什么？阅读就是发现。发现什么？发现他者，发现自我。发现他者、发现自我的什么？我以为至少应该包括如下几个方面：

发现他者为何、同异之处及其原因，人家的教育到底是什么样的，他与我相同的地方在哪里，他与我不同的地方在哪里，为什么会有如此的相同，为什么会有如此的不同。台湾与大陆同宗同祖，同文同源，中文教育有异有同。大陆语文老师到台湾去观摩中文教育，可以了解彼岸的教育，可以更清醒地认识自我，准确定位。要真正读懂自我的教育实践，必须寻找参照系。

发现他者之是，何以是，何以为是，即人家正确的地方，人家为什么正确，人家是如何做到正确的。同样也要发现他者之非，何以为非，如何规避，即人家错误的地方，人家为什么错误，如何规避这样的错误。发现他者的目的也是为了发现自我，发现自我之非、我何以非、如何纠正，即自我实践中不正确的地方，以及为什么不正确，如何纠正自己的错误。发现自我也包括发现自我之是、我何以是、如何发展，即自己教育实践中的可取之处，为什么可取，以及今后如何进一步发展。在教育社会学研究领域，你要读懂他者，你就要研究他者为什么这么行动，他者赋予自己的行为一个什么意义，而且要研究他者思维的过程，这样我们就会有所发现。教育事实既是可以被外部观察到的那些事实，也包括我们眼睛看不到的，也即人们内心存在着的那些主观性、主体性态度、动机。教育心态或价值取向的考察，应该列入教育研究的一个重要方面。

那么如何发现？我以为首先就是进场，就是你要真正进入他者的现场，是真实下水，不是作岸上观。为此在进场之前，就要对他者的教育有一个预备性知识，对他者有基本的了解；如果没有预备性的知识，你是考查不出什么东西来的。进场之后应该实现有效交往，作为一个研究者，应该增加自己的阅历，阅历来自于交往。要和各种角色的教育人、教育相关人交朋友、相接触，突破学科界限，开阔自己的心量，增加自己的知识。这也是能够进入现场、能够得到不同的人信任的一个前提条件。比如到欧美国家去，你就要深入学区，深入学校，深入课堂，与学监对话，与主管探讨，与校长商议，与教师交流，与家长沟通，与学生谈话，变走马观花为细致体察，变平面了解为立体认识。单纯的个案实证研究的弊端是有可能只见树木不见森林，因此就应当把当下局部的经验放在整体里面加以解读，当然这个整体的边界有时并不清晰，困难就在于确定这个整体的边界。

要发现就要学会筛选，让什么样的事实进入你的视野，让什么样的事实进入你的大脑，让什么样的事实与你产生接触，让什么样的事实与你产生激烈的碰撞，你要有所选择。人们常说什么是话语权，所谓话语权首先就是筛选事实的权力，其次就是对事实意义的解释。

要筛选就要设身处地，也就是我们进场之后，面对事实要将心比心，要推己及人。设身处地，才能还原思维过程，实际上这也是人与人之间能够沟通的先决条件。拙作《英国特色学校的创建——金斯福德学校考察有感》就试图还原该校校长创建特色学校的思维过程，就能真实把握其经验所在。还原思维过程，那么事实就不是历史，而是鲜活的当下。克罗齐说：一切历史都是当代史。一切传统都是经验。一切传统都生活在我们当下，那些曾经发生过，而又死亡的东西，概括不了传统。传统是传下来的，统一到我们每一个人的行为、观念，甚至我们的制度、语言里面去，那才是传统。费孝通说得好："生活在一定文化中的人对其文化有'自知之明'，明白它的来历、形成的过程，所具有的特色和它发展的趋向，自知之明是为了加强文化转型的自主能力，取得决定适应新环境、对新时代文化选择的自主地位。"

总之，在全球化的时代，我们的教育要有面对世界的向外姿态，面对现实的向下姿态，面对传统的坚守姿态。这一切都是为了实现更好的"向内"。科学哲学中关于"在对立的两极保持必要的张力"的思想，为克服二元机械思维模式提供了一个范例。"张力"这一物理学概念于 1959 年由著名科学哲学家库恩第一次引入科学哲学研究。库恩认为，科学研究中必须在两种思维模式间保持必要的张力。按照"张力保持"理论，教育价值选择必须做到：要把对立的两极价值联系起来，而不应把二者割裂开来；要使对立的两极价值互补，而不应使二者相互贬斥；要在对立的两极价值间保持微妙的平衡，掌握恰到好处的分寸。教育现代化不等于教育西方化，教育现代化是教育由传统走向现代的不断发展的过程，这一过程是多样化的。中华民族的教育现代化，是在保持和发展中华民族传统教育特色和优势，并使之更新而富有现代性和世界性的发展过程。中国也只有以这样的方式寻求自己的教育现代化之路，才能自立于世界民族之林。从世界范围来看，一些国家在现代化过程中都曾有过向西方学习的历史，但任何一个国家的现代化不可能靠抄袭别人的现成东西来求得成功。必须认真学习中国历史，否则不知道中国何以伟大；必须认真学习世界历史，否则不知道中国何以落后。

概括地说，我们拒绝在价值选择中硬性地择其一而斥其一。正如著名法学家吴经雄说："我们既非向东，亦非向西，而是向内，因为在我们的灵魂深处，蕴藏着神圣的本体。"

（二）更新观念

现时代一个有人格魅力的教师，应该具有现代的教师观和新型的学生观，必须重新审视现代教师和现代学生。教育是富有创造性的工作，教育工作本身也是一种艺术。未来教育系统的各个方面、各个要素都将发生巨大的变化：教育系统和教育对象更加复杂，受教育者的自主性加强，教育内容变化加快，教育技术更加先进，教学形式更加多样。时代向教师提出了新的问题，要求教师创造性地应用新知识、新技术，探索新的解决问题的途径；时代也向教师提出了新的挑战，要求教师进行有效的科学研究，自觉掌握教育教学规律，探讨和发现新的教育方式和教育方法，保证教育的顺利进行。因此教师要树立现代教育观念，培养自己全新的思考问题的方法和角度，以及探索、研究、创新的能力，形成开放、发展的知识观，保持对新事物、信息的敏锐感、好奇心。

科学技术的发展，社会文明的进步，对人才素质提出了更高的要求，于是时代也就赋予了教师新的使命。传统观念把教师看作掌握知识、占有知识、传递知识的人，认为教师首要的和基本的职能就是将自己拥有的知识传授给学生，而学生只是消极、被动地接受知识、储存知识的容器。但随着信息时代的到来，在知识爆炸般增长的情况下，面对"吾生也有涯，而知也无涯"的现实，传统的以传授事实性知识为主的教学模式已不适应时代的要求，代之而起的是以开发智力、能力为主的指导学生学习的新型教学模式。现代教师的职责"已越来越少地传递知识，而越来越多地激励思考，除了他的正式职能外，他将越来越成为一位顾问、一位交换意见者、一位帮助发现矛盾观点而不是拿出现成真理的人"。显然，现代意义的教师不再只是知识的传播者，还是智力的开发者，学习的指导者以及未来的设计者。在未来的教育中，师生间的角色定位发生了改变，教师将不再作为中心以知识权威者的身份向学生灌输知识，而是以学生为中心，围绕学生的特点和需要，以帮助学生不断进步为目的，与学生商讨问题，解决问题。师生关系将由原来的以教师为主转变为以学生为主，用通俗的话讲，就是教师由过去的"独唱"转变为现代的"伴唱"了。而且在面向未来的教育中，教师要根据对未来社会发展前景的预测，通过所设计的教育计划、教育教学活动，使学生在价值观、个性品质、知识、能力等方面按照所预定的目标发展，使之不仅能够科学地预见未来，适应未来，还能大胆地构想未来，勇敢地采取行动，创造未来，使未来社会符合人类的理想。

长期以来，学校惯用正态曲线给学生分等，认为人的智力水平是呈正态分布的，即智力水平处于中间者较多，低于或高于中间者次之，天才和低能为极少数。而布卢姆认为个别差异是客观存在的，但是"正态曲线并不是神圣的东西，它所描绘的是一种随机的结果。如果我们的教学是有效的话，成绩分布与正态曲线很不相同"。表面上看，班级教学中所有学生接受的教学内容和时间是相同的，但在"应试教育"指导下，由于教师只注意少数尖子学生，而忽视大多数学生，因而他们实际参与学习的机会是不均等的。人们可能还没有意识到，教师无形中已经剥夺了学生平等受教育的权利，而且人为地扩大了学生成绩等级的差异。结果，这种差异反过来又强化了师生对这种成绩公布结果的错误看法，使之"固定化"。这必然压制了学生的水平，削弱了学生的学习动机，也破坏了许多学生的自我和自我观念，教师不平等的行为不仅伤害学生幼小的心灵，损伤其自尊心，甚至他们自然就在自卑、忧郁、孤僻的性格陪伴下度过一生。不过，人们一直把教师看作爱的使者、公平公正的守护者。爱护学生，尊重学生，信任学生，关心学生，帮助学生，鼓励学生，公平地对待每一名学生是教师的天职。

一个温州商人的儿子被家长送到美国华盛顿的贡萨加私立高中，这是一所有着近200年历史的顶级贵族学校，来此就读的学生非富即贵，这个学生讲述了他在这所学校的故事。

由于与生俱来的优越感，贡萨加的富二代们多少有自我的性格。我与加里斯和巴克的矛盾尤为突出。我在球队里打的是后卫，而加里斯打中锋。在训练中，我们之间最经常发生的摩擦就是，我把本该传给加里斯的球传给了其他人，而他在我受到阻击的时候故意拖延救援……教练马尼看在眼里，找我们谈过几次话，我们两人都不约而同地否认与对方有矛盾，并且找种种理由来推脱。

转眼迎来了校际篮球联赛。我以为深知我与加里斯矛盾的马尼会有意在比赛中将我们分开，谁知比赛一开始，他就让我们同时上了场。我决定暂时将个人恩怨放在一边，以大局为重。显然加里斯和我想到了一起，我们之间配合得前所未有地默契。到第三节结束，我们领先了对手 10 分，如果不出意外，胜利非我们莫属。但此时，我的心理开始有些失衡。

第四节比赛开始了，我开始有意避免让加里斯得分。当我惊觉不妙想扭转时，为时已晚，最终我们以一分之差败北。看到队友们鄙夷的目光，我真恨不得找个地缝钻进去。教练马尼却没说什么，只是叮嘱大家做好准备，迎接下一场比赛。我以为自己只能在场边坐冷板凳了，却不想两天后的比赛，马尼又在首轮把我和加里斯同时派上了场。

那一刻，我真是感激涕零，彻底抛弃了心中的私欲。最终经过艰苦的激战，我们队以微弱的优势战胜了强劲的对手。比赛结束后，加里斯突然走过来，用少有的诚恳语气说："嘿，伙计，下午一起去游泳啊？"我用力点点头说："好啊。"

"嘿，孩子们，祝贺你们终于开始理解我们的校训了。"马尼教练不知从什么地方冒了出来，高兴地拍着我们的肩膀说："知道吗？要想成功，首先你得学会理解他人，在成就别人的同时也成就了自己。"

马尼老师让学生在协作过程中学会自我教育，这既是尊重学生，也是以学生为主体，实现自主教育。现代学生希望从教师身上获得人格尊重，对自我的信心以及对前途的憧憬，而且教师平等观念会激发学生的奋发精神，促进教育质量的提高。因此，教师要从只重视少数尖子学生，转变为面向全体学生，特别是注重"差生"的转化工作，积极探讨"差生"转化规律，要树立平等的学生观，重新把握教师与学生的角色定位，重新思考教师与学生的关系，培养自己公平公正的心理。

（三）独立思考

现代教师成为研究者已经从一个口号逐渐变为现实，教师专业化发展已经成为一个蓬勃的研究领域和新的焦点。长期以来，教师职业并没有获得应有的学术声誉与地位，特别是广大中小学教师，缺少应有的学术地位与声誉，已是不争的事实。实际上，教师职业在现实社会中还没有具备像医生、律师这类职业的学术性质与专业地位。瑞士著名的心理学家皮亚杰在 1965 年出版的《教育科学与儿童心理学》的著作中就曾指出：律师、医生、工程师都"具有一种被人尊重且值得受尊重的学问"，他们"代表着一门科学和一种技术"，大学教师也"代表着他所讲授的这门学科以及他对这门科学钻研的程度。一位中小学教师缺乏可资比较的学术声誉"，"一般的理由是：别人认为，尤其坏的是，他自己也认为：学校教师无论是从技术和科学的创造性上来说，都不是一个专家，而只是一个知识的传递者，这是任何人都能做到的事"。从皮亚杰的论述中，我们不难看出，造成中小学教师学术地位不高的原因主要在于两个方面：其一是中小学教师缺少一门坚实教育科学的支持。还是在《教育科学与儿童心理学》一书中，皮亚杰指出："在教育学领域内，极大的一部分革新家们都不是职业的教育家"，为此他列举了夸美纽斯、赫尔巴特、杜威等人来例证这个观点，他说"教育学很少是教育学家的著作"，"这样庞大的一个教育工作者队伍，现在这样专心致志地在全世界工作着，而且一般地讲，都具有胜任的能力，却产生不了杰出的科学研究者，能够使教育学变成一门既是科学的又是生动的学问"。其实这正是由于广大教师脱离了科学，失去了从事教育科学研究的机会，不能从中产生出杰出的研究者。其二是传统的教育制度把教师束缚在知识传递者的位置上。教师由于没有一个坚实的学科作为支持，而缺乏应有的学术声誉，而教育学之所以没有成为一门科学生动的学问，又是由于教师脱离了科学研究而产生不了杰出的科学研究者，这就构成了一个死结。它一方面使教育科学的发展迟缓，另一方面使教师的工作失去了科学研究的创造性，失去了应有的魅力。

教师成为研究者是必要的，也是可能的。知识经济时代的特点是迫切要求教师由知识传递者转变为教育实践研究者。人类在经历了以人力资源为主的农业经济时代，和以能源与机器为主的工业经济时代，即将进入一个以知识为基础的新的历史时代，即知识经济时代。它依赖于知识的创新，一旦知识的创新中断，社会经济就会像工业经济时代被切断了能源一样而陷入瘫痪。

知识经济的这种特点，把人类的社会生存、经济生活从对自然资源的依赖转向了对人类自身素质的依赖。那么，怎样才能获得知识创新的能力？我们认为：只有通过教育。教育与知识创新的密切联系，就使得教育成为社会关注的焦点，使教育面临着深刻的历史性的变革。这种变化体现在教师身上，就是教师不仅仅是传统传授知识，还要全面地培养学生的素质，特别是他们的创新意识与能力。为此，教师要探讨育人规律，反思自身的教育实践，进而成为教育的研究者。教师不再是教书匠，而是向富有人格魅力的学者型、研究型、专家型的教师发展。

丰富的研究机会，最佳的研究位置，为教师成为研究者提供可能。20 世纪 80 年代以来，教师成为研究者的观念已广为流传，它来自于"专业人员即研究者"的启示，教师有能力对自己的教育行动加以反思、研究与改进，由教师来研究改进自己的专业工作乃是最直接最适宜的方式。外来的研究者对实际情境的了解往往不那么深入，因此提出来的研究建议往往无法切入，从这一点来看，教师与其他的外来研究者相比，处在一个极为有利的位置上。

教师不仅处于极为有利的位置，还拥有最佳的研究机会。教师最主要的活动场所是教室，从实验研究的角度看，教室是检验教育理论的实验室，教师可以通过一个科学研究过程来系统地解决课堂中遇到的问题。这使教师拥有了研究的机会。从自然观察的角度看，任何外来研究者都会改变课堂的自然状态，如要想既达到目的，又不改变原有的气氛与状态，就只有依靠教师。教师是最理想的观察者，因为教师本来就置身于教学中，他是掌握观察方法、了解观察意图而又不改变原来课堂教学情境的最佳人选。

教师成为研究者，使教师不仅具有崇高的社会地位，而且具有崇高的学术地位。改变教师的职业形象，使教师具有突出的人格魅力。英国教育家贝克汉姆认为，教师拥有研究机会，如果他们能够抓住这个机会，不仅能有力地迅速地推进教学技术，而且将使教师工作获得生命力与尊严。把教师研究作为解放教师的武器，指导他们工作，可以使他们从无效的知识中解放出来。教师研究对教师意味着确信自己有能力构建知识和改进他们的实践。采取研究的态度能够从一个否认个人尊严和迷信外部权威的制度中，把教师和学生解放出来，迅速提高教师的人格魅力。

（四）勇于创新

当代中国进行着的深刻变革，正是当代人类社会信息、知识、科学、技术等方面的发展，为教育这个古老的事业，注入了"创造"这一强大的新生命；对教师要培养具有创造精神和能力的人和教师工作要具有创造性的要求，让我们找到了教师职业对于社会而言的外在价值与对于从业者而言的内在生命价值之间统一的基点，找到了教师可能从工作中获得"外在"与"内在"相统一的尊严与欢乐的源泉，那就是两个赫然的大字——创造！它预示了教师职业未来的重要品质，也是教师人格魅力的主要构成因素。

马克思在论及职业选择时，曾写过一段令人难忘的名言："能给人以尊严的只有这样的职业，在从事这种职业时，我们不是作为奴隶般的工具，而是在自己的领域内独立地进行创造。"他接着还指出，具有创造性质的职业，"甚至最优秀的人物也会怀着崇高的自豪感去从事它。最合乎这些要求的职业，并不一定是最高的职业，但总是最可取的职业"[1]。在我们这支队伍中的大多数人，恐怕还远未达到"在自己的领域内独立地进行创造"的水平，所以，重温和思考马克思的这段话，对于今天我们全面认识教师职业的价值，尤其是发现这一职业对于从业者教师而言的内在生命价值，是十分重要的。首先马克思强调"独立地进行创造"的职业能给人尊严，给人以尊严的职业是与人的生命的本质和高级需要的满足直接相关的职业。独立地创造，正是人的生命存在的本质方式，即使在生理学的层面上，生命的存在也是通过个体与环境的能量交换，并以个体独立的方式，内在地完成新陈代谢这一生命物质转换的创造过程。人的智慧的发展、精神世界的丰富更是如此，没有人可以不通过个体的经验与独立的体悟，就能完成将外在的知识、文化以及其他人的创造转化为自身的发展与成长。所以说，"独立地创造"是生命之树常青之源泉，绝不是诗意的赞美，而是对生命本质的观照。同时，人的生命力

---

[1]　马克思，恩格斯. 马克思恩格斯全集：第 40 卷 [M]. 北京：人民出版社，1982：6.

也只有在创造活动中才能焕发，才能为社会做出具有不可替代性价值的贡献。职业生活，是人成年以后生命活动的重要组成部分，其质量如何，在很大程度上决定了人的生命质量，同时造就了个体的生命质量。因为，人怎样度过生命的日常方式，会决定人成为怎样的人，人要想成为有尊严的人，就应该选择富有创造性的职业，并以创造性的劳动去实现自己的生命价值，在创造性的劳动中，享受因过程本身带来的自身生命力焕发的欢乐。

作为教师，我们应该经常反问自己：什么是你选择职业的价值取向？你是否看到教师职业能给人带来的内在尊严？你的职业劳动的质量，是否已经达到了因创造而获得内在尊严与欢乐的水平？是否具有一定的人格魅力？这些问题必将唤起教师反思和重建自己的教师职业意识和职业行为，努力造就自己的人格魅力。如果没有这种反思和重建，即使社会提出了对教师劳动创造性的时代要求，也不会自动地成为每位教师的内在需要和实践。教师依然会停留在工具意义、外在价值水平上去从事这项工作。所以职业生活的质量，不仅与职业性质、社会发展水平相关，还与每个人的职业自我意识与职业价值追求相关。在当代中国，教师完全能够成为富有时代精神和创造活力的人，成为具有人格魅力的人。教师是教育事业和人类精神生命的重要创造者，这项工作所面对的是成长中的、充满生命力的青少年，教师若把人的培育而不是把知识的传递看作教育的终极目标，那么他的工作就不断向他的智慧、人格、能力发出挑战，成为推动他学习、思考、探索、创造的不竭动力，给他的生命增添发现、成功的欢乐，自己的生命和才智也在为事业奉献的过程中不断获得更新和发展，从而使自己的人格魅力四射，焕发光彩。

整个人类发展史，就是一部创新史。创新是一个民族的灵魂，一个没有创新精神和创新能力的民族，是难以自立于世界民族之林的。我们中华民族光辉的四大发明史、屈辱的半殖民地史、崛起的改革开放史，无不证明了这一论断的正确。而创新这一民族灵魂的延续和升华，同样离不开"人类灵魂的工程师"。从这个意义上，我们可以说：创新是教师的首要必备素质、不可或缺的师表，在迎接知识经济挑战的 21 世纪尤其是如此。

对学生的素质教育，是一个多层面、多角度、互动互补的立体工程，诸如身体素质、思想素质、心理素质、业务素质、个人素质、群体素质、单项素质、综合素质等等。而创新，是学生发挥潜力成长成才的基本素质。创新能力的培养必须贯穿于素质教育立体工程的一切层面、所有角度。教师有不同的岗位、不同的专业，但都必须是创新精神和创新能力的发现者、传导者。如果教师本身缺乏创新素质，岂不成了"天桥的把式"，又怎么能以"身教"的师表来树楷模，导方向，做人梯？因此，高素质的教师队伍和学校管理队伍，首先必须是有创新素质的队伍，才能把学校办成培养创新人才的基地。

教师队伍的创新素质必须是成体系、全景式的，必须是有再生与辐射能力的。前者是指教师的创新，应该包括教学理念、教学方法、教学手段、教学内容等诸多方面协调一致、相辅相成的创新；后者是指教师的创新素质，主要不是体现于教案中、课堂里，而是体现于终端——教学对象创新精神和创新能力的养成发展和运用实效上。为此，教师必须通过"学习、学习、再学习"，不断更新观念，接受新知，强化创新精神。要破"以教为主"的观念，立"教为不教"的观念；破"一张考卷论高低"的观念，立"全面考察创新能力"的观念；破"自我封闭"的小国寡民教育观，立"开放办学"的国际化大教育观。

唯其如此，教师才能不做知识的传声筒，而做引导学生参与的组织者；不做南辕北辙的拔苗助长者，而做开聪启智的潜能开发者；不是逼着学生前进，而是当好助跑器，帮学生发力冲刺；不总是领跑，更多地应该指路，让学生自己去披荆斩棘。

教师要在教育教学过程中有所创新，就应当具备批判精神。新世纪的教育应当是创新教育，要培养学生的创新精神，首先教师得具备创新素质，而创新素质中最重要的就是批判精神，即敢于和勇于对前人和自己的已成定论的知识进行怀疑甚至否定。这不仅需要批判的勇气，更需要批判的能力。

传统的教育重在传道授业解惑，其前提是教师即是真理、知识和专业技能的化身，他要做的仅仅是将已有的知识和技能传递给学生。而事实上，随着知识经济的到来，人们获取信息的途径、手段、工具已经不再局限于教师，而且，仅仅靠接受前人的东西已难以适应今天这个以创新为检验教育成效的社会。

那么，对新世纪教师的素质要求，显然不能仅满足于传道授业解惑，而应当学会创新，即观念、知识和方法的创新，要做到这一点，就得具有批判精神和批判能力。

新世纪的教师不再迷信权威和书本，他坚信，一切现存的文明都是对人类过去经验的总结，他要做的是如何站在过去人的肩上向新的高度攀登。终其一生，他也许难以攀上新的高峰，但他可以努力去开辟蹊径，在综合的基础上创造出新知识。

新世纪的教师将不再迷信自己，不再把自己的职业角色神化。学高为师，不仅体现在知识的容量方面，还体现在知识的创新方面，这就要敢于批判自己，甚至敢于否定自己。事物在发展，时代在前进，教师不可能穷尽过去和未来，他要做的就是在不断地批判自己中创新。

新世纪的教师还要使学生具有批判精神，不再把学生视为知识的接收器，而是将其视为具有独立意志的与教师平等的创造主体。课堂不再仅仅是知识的传递场所，更是思想交流的对撞场所。在这里，学生可以"肆无忌惮"地对老师的观点提出疑问，甚至否定；同样，老师也可以对学生的质疑"毫不客气"地进行反驳，一切都是那么自然，那么顺理成章。

当然，光有批判精神还远远不够，还得具有批判的能力，这就要求教师博览群书，永远保持对新事物的兴趣和热情，及时捕捉新鲜知识，站在自己研究领域的前列，形成自己的理论体系。当然，这应该是一个开放的体系，它"有始"而"无终"，在其发展过程中不断地通过批判以使其保持活力，即所谓"海纳百川，有容乃大"。马克思有一句座右铭：怀疑一切。正是基于此，他才在批判过去的基础上创立了马克思主义。

必须指出的是，教师的创新必须遵守一些原则。首先是科学原则。创新是有事实根据的设想，而非漫无目的的凭空瞎想。对学生的教育一定要在科学原则的基础上进行，从一开始就要重视科学，重视事实。在对学生进行创造教育时，最重要的是教给学生科学的思维方法，教会学生在有了新的主意或新的想法之后学会自己去验证，包括去收集相关的材料、相关的事实、数据和信息，以及如何去排除无关因素的影响，最后将自己的想法付诸实践去检验。教师应将自己的研究和创新的经历体会教授给学生，用这些方法来引导学生，减少学生的盲目摸索过程，增强学生创新的兴趣和信心，并探索自己卓有成效的学习方法和积累知识的方法。坚持科学原则是创新教育的基石。其次是人本原则。人本原则就是要重视人，重视人的个性，把人作为一个创造的主体来对待，而不能根据教师的个人喜好进行分类，将一部分学生打入另册。有人格魅力的教师应该是最能发现学生优点长处的教师。每个人身上都蕴藏着无限的创造潜力，只要善于发现，并运用适当的方法将这种潜能调动起来，就能大大促进个体的智力发展和机体能力的提高。反之，按照一个模子来塑造人，无视和抹杀个性，就会抑制人的发现力，这当然是与培养创新型人才背道而驰的。只有真正重视人，才能对学生有耐心，才能真正把学生培养成有用之才。再次是民主原则。弘扬学生的自主精神，注意营造班级的活泼气氛。学生应该成为学习的主人。教师在教学活动中应注意让学生参与到教学过程，去设计自己的学习计划，摸索学习的好方法；要创造大家进行交流和争论的研讨气氛，让他们把这种交流和争论作为提高学习能力的一个重要途径。民主原则反对教师搞一言堂，反对教师把自己的意见强加给学生，反对教师不讲科学事实，一味表达主观意愿，反对传统的师道尊严习气。因此，民主原则和人本原则是相通的。最后是开放原则。与封闭式教学相反，让学生从书本中解放出来，注重联系实际进行教学，是开放原则的基本阐释。传统教学往往把学生关在书斋里，禁锢在书本中，注重学生接受式学习，认为学习书本知识才是最有用的。显然，这与"应试教育"有关。如果要培养创新人才，必须让学生接触社会，接触自然，通过发展感性认识来触发其创新的灵感。我们知道，创新多是在兴趣的激荡下出现的，只有在学生摆脱了条条框框的禁锢之后，才会有创造的萌芽。

五、卓越能力

美国未来教育学家德·考夫曼在《教授未来》一书中，明确提出面向未来的六种具有相对永恒价值的能力：获取情报的能力；清晰的思考能力；有效的语言文字交流能力；了解人的环境能力；了解人和社会的能力；个人生存能力。具备这种基础能力的教师才有资格去培养青少年一代的社会适应能力。教师应该具有发展价值的扩展能力，它主要包括：确认和发现信息源的能力；对信息的分析和分类能力；处理和保存信息的应用新技术的能力。这些能力的具备实际上是获取知识、扩展知识、更新知识的途径，是提高教师解决教育问题的本领和效率的基础。教师还应该具有高效价值的创造能力。国内外学者的研究表明，这种能力主要包括：善于从生活中发现新的科学概念和原理的能力；善于认识科学技术可能带来的社会后果的能力；善于提出尚未解决和多种答案的探索性问题的能力；善于在已有信息基础上进行假设的能力；善于根据假设进行实验、演算和阐述的能力；善于把相反或近乎没有联系的观念综合成新思想、新观念的能力；善于运用口头、笔头形式有效地交流探讨的能力；善于组织学生，使学生迅速地增长才干的能力。有魅力的教师还应该具有实践能力。这样的教师既是一个学者，又是一个教育理论的实践家。基础能力、扩展能力、创造能力，最终都要通过临床的实践能力才能发挥其社会效能和经济效能。有人格魅力的教师善于从学生身上诊断、分析其发展状况，像开处方一样提出解决问题的方案和假设，有效地处理问题，促进学生健康成长。具体说来主要有如下三个方面的能力。

（一）教育能力

1. 用真情打动学生

（1）用微笑温暖学生的心。教学活动的本质是人与人之间认知和情感交织在一起的相互作用。积极的情感是完成教学任务必不可少的心理支持，是促进学生个性发展的巨大力量。在这个过程中，教师起着主导作用。老师怎样看我，怎样待我，始终是学生关注的问题。它直接影响着学生的情感。从调查中了解到，学生希望老师上课面带笑容，不要老发火，不要绷着脸，尤其不要当着众人面怒斥学生，使课堂气氛太过压抑。学生希望老师公平、公正、平和地对待每一个人。这反映了他们对民主、平等、和谐、安全的学习氛围的情感需求。

一名中学生在期末学习总结中写道："看到老师整天笑嘻嘻的脸，心情特别好！"许多教师从教育实践中深切地认识到，教师的微笑是师生情感沟通的桥梁和纽带。学生从教师的微笑中感受到信任、关怀和鼓励，从而增强自信心，激发创造性。

因此，从学会微笑做起，把微笑带进课堂，用微笑温暖每一名学生的心，使他们能怀着愉快和向往的心情学习，应该成为每一位教师的自觉行为。教师要做到无论在课上还是课下，始终保持最佳心境，充满激情，循循善诱。

（2）用发现激励学生的心。教师要善于发现学生的优点，及时肯定、鼓励学生，让学生产生上进的动力。

一个穷困潦倒的青年流浪到巴黎，希望父亲的朋友能帮自己找一份谋生的差事。

"数学精通吗？"父亲的朋友问他。青年羞涩地摇头。"历史、地理怎么样？"青年还是不好意思地摇头。"那法律呢？"青年窘迫地垂下头。"会计怎么样？"

父亲的朋友接连地发问，青年都只能摇头告诉对方——自己似乎一无所长，连丝毫的优点也找不出来。

"那你先把自己的住址写下来吧，我总得帮你找一份事做呀！"青年羞愧地写下了自己的住址，急忙转身要走，却被父亲的朋友一把拉住了："年轻人，你的名字写得很漂亮嘛，这就是你的优点啊，你不该只满足找一份糊口的工作。"把名字写好也算一个优点？青年在对方眼里看到了肯定的答案。数年后，青年果然写出享誉世界的经典作品。他就是家喻户晓的法国 18 世纪著名作家大仲马。

世间许多平凡之辈，都拥有一些诸如"能把名字写好"这类的小小优点，但由于自卑等原因常常被忽略了，更不要说是一点点地将它放大了。每个平淡无奇的生命中，都蕴藏着一座丰富金矿，只要肯挖掘，就会挖出令自己都惊讶不已的宝藏……

每名学生都有不一样的特征，也许不经意之间大家都忽略了，包括学生自己也会忽略自己的特点，但一个善于发现的老师，能将这个小小的特征发掘出来，也许就能充分激励一个孩子的上进心，产生不尽的动力。

（3）用理解打动学生的心。理解学生首先要善于分析现象，透过现象，不断地去寻找问题的真实原因。

美国首都华盛顿广场的杰斐逊纪念馆大厦年久日深，建筑物表面斑驳陆离，后来竟然出现裂痕。虽然政府采取了很多措施，但仍无法遏制。后来专家调查发现：冲刷墙壁所含的清洁剂对建筑物有酸蚀作用，而该大厦墙壁每日被冲洗的次数多于其他建筑，受酸蚀损害严重。

为什么要每天冲洗呢？因为大厦每天被大量鸟粪弄脏。为什么这栋大厦有那么多鸟粪？因为大厦周围聚集了特别多的燕子。为什么燕子要聚在那里？因为大厦上有很多燕子爱吃的蜘蛛。为什么这里的蜘蛛多？因为这里有很多蜘蛛爱吃的飞虫。为什么这里飞虫多？因为飞虫在这里繁殖得特别快。为什么？因为这里的尘埃最适宜飞虫繁殖。为什么？尘埃本无特别，只是配合了从窗子照射进来的过于充足的阳光，形成了特别适宜飞虫繁殖的温床。大量飞虫聚集在此，以超常的速度繁殖，于是给蜘蛛提供了大量的美餐，于是燕子飞来了……

解决问题的方法非常简单：拉上窗帘，挡住过分充足的阳光。

找到问题的真实原因，解决问题就变成十分容易的事情了。教育学生也是这样，学生出现了这样那样的问题，教师不能简单地训斥、处罚了事，事实上这样处理问题根本没有办法解决问题。我所在的深圳明德实验学校，有一名学生每一次考试都是整个年级的倒数第一名，各科老师找他谈话，老师讲东，他讲西，像是与老师对着干。班主任老师通过家访，了解到真实情况，这个孩子小时候曾经得过大病，大脑动过两次手术，他的思维比正常人的思维要慢两拍，所以和老师谈话总是前言不搭后语。知道真实的情况之后，教师们调整策略，同学们都来帮助他，这个孩子取得了在他来讲十分明显的进步，原来数学总是考 3 分、5 分，现在能考 20 多分了。

理解学生就是要站在学生的角度去思考问题，即同理心。美国的一项历时 17 年的"教师的人际交往技巧"大型研究（1977 年）发现：当学生感觉到他们被理解、被关怀及真挚相待时，他们的学习成绩便会提高，他们的行为表现亦会较好。研究还指出，成功的教师所具备的促进人际交往的特质中，高度的同理心是最重要的特质。

要充分地认识到，学生是有着丰富情感和各种需求的生命体，即使是小学一年级学生，他们也需要教师的理解。

为理解学生，首先要了解学生。要通过各种途径了解学生的学习、兴趣爱好、个性品质、自我认识、人际交往及家庭环境等，从社会大背景中全面了解学生。

在教育教学中，教师应能敏锐地体察学生的情绪变化，积极赞赏学生的优秀表现和独创性；同时，能接纳学生的错误，理解他们，耐心细致地启发、诱导和帮助他们，用理解打动每一名学生的心。教师千万不能当"昏君"。王晓春先生在他的一篇题为"当'昏君'的危险"的文章中谈到了一个实例。

一个四年级女孩，我们叫她小云，三好生，中队委，而且获得过市级的奖励。她最近情绪低落，对妈妈说：同班一个女生，大队委，成心整她，压低她的口算成绩，明明她用了 20 多秒，硬说她用了 30 多秒，她向老师去说明，老师不信。妈妈在家里给她重新测验一下，确实用不了 30 秒。妈妈说：

"可能你在学校紧张，成绩没有在家里好。"用这样的理由，妈妈把此事压下去了。过两天，孩子又对妈妈说，这个大队委又成心减她的其他评比分数，被别的同学发现，告诉了她。这样减下去，她的三好生就可能评不上了。她说，她去找老师反映，老师还是不信，因为那个大队委是老师的大红人。于是这孩子开始和老师作对，不守纪律，不好好学习，干部也不当了，当着老师的面把中队委的标志摘下来扔掉，师生关系日益紧张。然后她就开始专和男孩子在一起玩，她说女孩子太虚伪。在家，她就说妈妈是和老师"官官相护"，共同欺负小孩。

站在教师的角度，她一定认为小云是退步了。至于退步的原因，老师可能判断是孩子要求自己不严，心胸狭窄，误解别人，嫉妒别人，抗挫折能力差，等等。老师是不大容易想到自己有什么失误的。可是在我们旁观者看来，如果小云说的话是事实，那么孩子退步的责任恐怕首先在老师，其次在那个大队委，然后才是孩子自己。这位老师正在变成一个"昏君"，而那个受老师宠爱的大队委正在成长为一个小小"近臣"。

这种事在学校屡见不鲜。因为教师做事不公正造成的心理负担是学生负担的一个重要方面，也是我们减负的一项重要内容。在我们成年人看来，此乃小事一桩，可是对于孩子来说，这是极严重的事情，能造成很大的心理伤害，有的孩子甚至会从此一蹶不振，有的人会对这样的事记一生，直到中老年，仍耿耿于怀。

德育的关键不在于教师说什么，而在于教师做什么。对于孩子来说，重要的不是她听到了哪些道德教诲，而在于她有什么样的道德体验。有一个小学生因为同学把她的工作成绩据为己有和一个好朋友把她的秘密告诉了其他同学这两件事，就得出了可怕的结论："这个世界是个'丑恶的童话'，活着真没意思！"你不要认为孩子小题大做，她就是通过这些小事情认识世界和评价世界的，难道你能要求孩子用政治家的清醒，成年人的冷静，辩证地分析现实吗？小云已经拒绝和女孩子来往了，说得严重点，她甚至可能一辈子都不喜欢女人，人的道德感和个性，就是这样从小通过切身的体验一点一点形成的。

老师偏听偏信，老师办事不公，会使学生讨厌班级，讨厌老师，讨厌学习。用小云妈妈的话说，"她破罐破摔了"。她自己退步还不算，还会变成班级工作的一个消极因素。这位老师实际是给自己制造了一个对立面，一个麻烦。

所以当老师的一定要谨慎，不可给小干部过大的权力，不可片面听他们的汇报，对他们的工作一定要进行监督。不加限制、不加监督的权力是会导致腐败的，大人如此，孩子也一样。给小干部太大的权力又不加监督，也会害了他们。他们并不是生下来就是成年人，也不是生下来就是贪官污吏，他们小时候可能都干过利用某种身份某种权力占便宜的事情，有过经验，长大了，胆子也大了，于是成了贪官。贪官不是从天上掉下来的。教师如果是一个"昏君"，他就完全可能不知不觉在培养未来的贪官。光是老师监督干部还不够，还要让学生监督，这就必须注意倾听学生的意见。千万不可只听顺耳的话，遇到不同意见就不高兴，那样，学生就会学得乖巧起来，从此报喜不报忧，专拣老师爱听的说。老师听不到真实情况，越来越像"昏君"，孩子就找到当"奸臣"的感觉了。

小干部最好让学生轮流担任，不要让这么小的孩子就分成两类：一类是管人的，一类是被人管的。干部轮换会让老师一时要麻烦一点，然而从长远看，班级会更加稳定。我们的老祖宗有一种自认为非常聪明的办法，把人分成三六九等，一级压一级，不许犯上作乱，以此达到稳定。然而古人只看到这种办法能迫使人规规矩矩的作用，没看到它还有另一种反作用——刺激人犯上作乱。因为既然分等级，当上等人又那么占便宜，我干吗不试试？王侯将相宁有种乎！彼可取而代也！皇帝轮流做，明年到我家。一到压不住的时候，就会闹得天翻地覆。所以等级制能达到的只是表面的一时的稳定，随时都埋伏着危机，还是平等的人际关系，能得到真的班级稳定，能真正培养孩子健康的道德情感。

时代不同了，教师在班里当"皇帝"就已经够可笑了，何况"昏君"乎？

2. 用尊重贴近学生

教育的一个基本目标是要使每一名学生都成为一个有健全人格的人，成为环境的主人和活动的主体。因此，尊重学生就是尊重学生的人格。人格作为人所持有的一种本质力量，具有鲜明的独特性。我们要尊重学生个体的这种差异性，平等地对待每一名学生，坦然接纳每名学生的优点和缺点，不挖苦、讽刺学生，更不允许体罚学生。要使每一名学生，在包括知识学习在内的各种活动过程中，体验到人的自尊心和自豪感。

一个美国教师在考试中对一个想要作弊的学生说："如果你要作弊，我就把目光投向远方！"结果，那名学生放弃了作弊的念头，静下心来，认真考试，如实呈现自己的成绩。

如果你作弊，我就把目光投向远方！我给你作弊的机会，不要像做贼一样，偷偷摸摸的，降了自己的身份！我把目光投向远方，我不关注你了，你不值得关注。老师都把目光投向远方了，学生能不把目光投向远方吗？考生与监考，不是对立的敌我，不是值夜的警察与盗窃的偷儿。监考员、监考老师是为考生提供方便的服务员，是考生安静自信的心灵按摩师。我们把学生浮躁的心灵安抚下来，把他们的潜能激发出来，不仅可以做好考试工作，抓好考风考纪，而且可以通过考试培养出高大的人，培养出好学生，让他们消除心魔，赶走心里的小我来；让他们挺拔起来，高尚起来，具备为国家、为民族读书奋斗的思想和动力。尊重出自自信，尊重激发自尊。

教师不仅应向学生展现丰富多彩的世界，还应该使学生成为成功的学习者、积极的创造者。

王晓春在他的《大度——重要的师德》中记叙了这样一件事。

前几天，我到一所小学去给家长讲课。课后，一位老师向我咨询一个学生的教育问题。这个男孩（四年级）无论课上课下，总是有小动作，永远不能规规矩矩坐一会儿或者站一会儿。我说："这会给您带来许多麻烦的。"这位老师笑着说："可不是！因为他，我们班常常扣纪律分。前些天做操比赛，我事先做了好多工作，嘱咐了又嘱咐，结果还是因为他而比赛失利。比赛完了，他还兴冲冲地跑来问我：'老师，咱们班得奖没有？'您说逗不逗？我觉得他已经尽了自己最大的努力，他以为自己做得很好了，其实小动作一直没停，别人看得清楚，他自己不知道。"

这位老师说话时大度、平静、和善的态度令王晓春肃然起敬。纪律丢分、比赛失利是要影响她的面子和业绩的，甚至会影响她的收入，可是她一点都没有怨气和怒容，有的只是对孩子的理解和继续帮助他的愿望。她不急于解决问题，但是也不放弃，她在尽自己的努力，孩子也在尽自己的努力，这不就很好吗？有的老师遇到这种情况，就做不到如此冷静和大度了，他们会和孩子较劲，会不断加重批评和惩罚，会不断请家长，会发动同学对孩子施加压力。结果如何呢？结果往往并不能解决问题，老师同学气得要死，有毛病的孩子则受到心灵伤害，形成自卑心理、对立情绪。其实这类的缺点常常是下意识的或者习惯性毛病，而不是品德问题。你着急，他不一定不着急，你责问他为什么改不了，他正要问你呢！

许多老师常常以为学生有错不改是因为没有认识到自己的错误，或者成心不改，有意和老师作对，所以特别可恨。这可能是冤案。其实许多时候，孩子知道自己的错误，而且想改，只是一时还改不掉，这是情理之中的事情。

其实我们成年人也常常有比较顽固的缺点，这远比孩子的缺点严重，而且往往一辈子都改不掉，我们不也自我感觉良好吗？为什么我们对自己如此宽容，而对孩子就这样苛刻呢？

教师的大度，并不是对学生的恩赐和无原则的宽恕，而是一种理解，一种将心比心，一种换位思考。比起不分青红皂白的所谓"严格要求"来，这更符合人性，而且更有教育效果，虽然表面上看见效可能慢一点。教师有时候需要多看孩子一眼，曾经读过美国马里杰·斯比勒·尼格的一篇《多看了一眼》的文章，作者以第一人称的口吻叙述了一件发人深思的事。作者说他看见一位坐在矮凳上拔草的男人，便以为那该是最懒散的典型了。临离开时，又看了他一眼，才发现那男人原来只有一条腿。就这样，只多看一眼，原先认定是好吃懒做混日子的人，忽然间成了勤劳的人了，由鄙视变为尊敬。

有的学生不喜欢黑色，有的学生却说他看见黑色就高兴；有的学生说红色代表热烈，也有学生却说，看多了红色头晕。作为老师应该知道尊重每一个孩子的感觉和兴趣爱好。

尊重孩子的感觉，就是尊重事实，尊重造化。人是有个性差异的，学生是各式各样的，这就是自然，这就是社会，这就是世界，这就是造化。每个人对这个世界都有自己独特的感觉，想用标准答案统一人们的感觉，想把孩子都塑造成"标准件"，想让孩子处处顺老师的心，那是在和造化作对，是在做"人定胜天"之梦，是愚蠢的，而且是狂妄的，最终必然碰钉子。当然，起码的纪律要求是应该有的，大致的统一是必要的。我们并不主张放任自流，放任自流不是尊重，而是冷漠。

人们都说最重要的师德是爱学生，但常常可以发现，许多老师在用"爱"压抑学生。他们把"爱"解释成"严格要求"，再把自己对学生的所有要求（不管合不合情理）都解释成"严格要求"，于是他们的言行就全都包装成对学生的"爱"了。这样解释"爱"，是不行的。教师对学生的爱，确实应有严格要求的一面，但不只这一面，还要有大度的一面。大度不是迁就，严格不是苛刻，大度和严格都应合乎人情，合乎正确的教育目标，这才是真正的教育。

有个故事挺短，特别迷人。情节是这样的：

有个男孩子一向淘气，作业总乱糟糟的，还喜欢打架、骂人、旷课，但女教师从未歧视他。

一天，女教师布置了一篇作文，题目是"我和祖国"。大家立刻拿起笔，刷刷刷地写，唯独他看着天花板，一动也不动，蔫蔫的，似乎有什么心思。

女教师没说什么，她在担心：怎么？是不是题目出难了？但，既然别的学生都在写，既然个个都是悠然神往滔滔不绝的样儿，就说明题目没问题；

肯定能写，也肯定有得写。那——为什么就他一筹莫展？

女教师看着他，期待着他能拿起笔来。

果然，他抬起头，拿起笔，想了想，在作文本上写了起来。

当女教师批到他的作文时，也就分明看到了一篇极精彩的短文：《祖国是母鸡，我愿意是一粒米》。

看着这篇短文，女教师的心头热浪滚滚，眼睛湿润了！仿佛一下子悟出了一条真理：即使是最最淘气的孩子，心里也有阳光！

于是，第二天，在作文讲评时，她格外提到了这篇短文。她说："从地图上看，我们的祖国像只雄鸡，但有个聪明的孩子却认为，祖国的形状更像一只母鸡，也正是这个深情的'母'字，格外突出了他对祖国母亲的深深的爱。他写道：'祖国是母鸡，我愿意是一粒米。'听！这就叫无私的奉献！这就叫彻底的牺牲！这就叫深深的爱与浓浓的情！在这次交上来的所有作文中，这个'母鸡与米'的比喻最精彩！也最最迷人！"

还有更迷人的呢！这就是，打这天起，那个淘气的孩子就彻底变了！仿佛一下子就长大了！一下子！"刷"地一下子！

看看这以后的他吧！彬彬有礼，从不打架骂人，还特别努力，作业干干净净的，作业本上的字，整整齐齐的。

那是他用他的心写的！

是的！这的确是个奇迹！因为女教师的心里充满了爱，这才"改造"了一个有名的淘气包！千万别怀疑那个决心当一粒米的孩子，他肯定会健康成长的——至少我坚信！难道不是吗？女教师的话就像种子，既然播撒在他的心中了，那就肯定能生根、开花，然后长成一个更美丽的故事！

3. 用真诚走进学生

真诚就是真挚与诚实。教师只有真诚地爱学生，学生才能信赖你，尊敬你，与你无话不谈，真正把你当作他的知心朋友，爱才能真正走进学生的心。

诚然，这不是一朝一夕就能实现的。它来不得半点功利主义，不能急于求成。它是师生情感长期交融的自然结果。它需要教师持之以恒的努力，不断端正教育思想，转变教育观念，努力实践一种崇高的境界，也需要教师不断提高思想文化修养、专业水平和教育能力，还需要教师付出精神的、物质的代价。

诺贝尔物理学奖获得者费曼说："只有当一个学生和一个好老师处于某种直接的个人关系时，此时学生才谈论想法、思考事情并交换意见，这才是最好的教学。除了认识到这一点之外，没有解决教育的任何办法。"

陶行知四块糖的故事可以算作典型实例。

陶行知先生在担任一所小学的校长时，看到男生王友用泥块砸班上的同学，当即制止了他，并要他放学时到校长室去。

放学后，陶行知来到校长室，王友已经等在门口准备挨训了。陶行知没有批评他，却送了一块糖给他，说："这是奖给你的，因为你按时来到这里，而我却迟到了。"

王友惊疑地接过了糖果。

接着，陶行知又从口袋里掏出一块糖给王友，说："这块糖也是奖给你的，因为当我不让你再打人时，你立即住手了，这说明你很尊重我，我应该奖你。"

王友迷惑不解地接过了糖。

陶行知又掏出第三块糖，说："我调查过了，你用泥块砸那些男生，是因为他们不守游戏规则，欺负女生。你砸他们，说明你很正直善良，有跟坏人斗争的勇气，应该奖励你啊！"

听到这里，王友感动极了，他流着眼泪后悔地说："陶校长，你打我两下吧！我错了，我砸的不是坏人，而是自己的同学呀。"

陶行知满意地笑了，他随即掏出第四块糖，递给王友："为你正确地认识错误，我再奖给你一块糖。"待王友接过糖，陶行知说："我的糖发完了，我看我们的谈话也完了吧。"

陶行知四块方糖的故事非常朴实，又非常经典。这是教育的艺术，也是陶行知人格魅力的生动显现。

教师要真正走近学生，就要注意自己的修养，尤其是在与学生交往过程中要注意细节，孩子们常常是从细节当中看老师。教师在与学生的交往过程中处处注意细节，处处体现一个老师的修养。第一，教师与学生相约一定要守时，教师赴约，不应迟到，即使是无意迟到，对其他准时到场的学生来说，也是不尊重的表现。第二，教师与学生谈话要做到谈吐有节，不要随便打断学生的陈述，要先听完学生的表述，再去教育批评他，谈出自己的看法和意见。第三，教师态度要和蔼，在同学生谈话的时候，总是望着对方的眼睛，保持注意力集中，而不是翻东西，看书报，心不在焉，显出一副无所谓的样子。第四，教师谈话的语气要中肯，避免高声喧哗，心平气和，以理服人，往往能取得满意的效果，扯开嗓子说话，既不能达到预期目的，又会影响学生的情绪，甚至使人讨厌。第五，教师谈话要注意技巧，尊重学生的观点和看法，即使自己不能接受或同意，也不当着他人的面指责对方是"瞎说""废话""胡说八道"等，而应陈述己见，分析事物，讲清道理。第六，教师不要显示出高高在上的自傲情绪，在与学生相处时，不要强调个人特殊的一面，也不要有意表现自己的优越感。第七，教师要信守自己的诺言，即使遇到某种困难也不食言。自己谈出来的话，要竭尽全力去完成，身体力行是最好的诺言。第八，教师要心胸大度，与学生相处胸襟开阔，不能为一点小事情而和学生斤斤计较，要富有同情心，在学生遇到某种困难时，给予同情、支持和帮助。

（二）教学能力

网络上流传着赞美教师的对联。

写给语文老师：1. 站三尺讲台，传李杜韩柳诗文；握一支粉笔，授孔孟老庄学问。2. 论学问，四书五经样样通晓；讲口才，三言两语句句精妙。3. 诗词歌赋尽显雅士风度；语段篇章全显中华文明。4. 学富五车，通晓诗书礼易；才高八斗，熟习琴棋书画。5. 讲关系，伯仲叔季样样通；说人物，旦末净丑个个明。6. 品明月，叙情怀，吟诗作赋；沐清风，讲人生，谈古论今。7. 汉语兴衰存乎汝心；民族荣辱永在尔怀。8. 评得失，四大名著显精妙；论善恶，八方美文蕴雄奇。9. 朝花夕拾，秋月春风莫等闲；古训今闻，宋词元曲要记牢。10. 曹操曹丕曹植，为建安文学增色；苏洵苏轼苏辙，给唐宋诗词添彩。11. 思如泉涌，诗文交融培奇葩；笔私蛇走，字句连接谋新篇。12. 平凡世界，回首时，苦辣酸甜忧乐喜；潇洒人生，会心处，之乎者也亦焉哉。

写给数学老师：1. 随手轻挥，空间平面尽出；妙语微点，体积面积都解。2. 尺子一把，心中自有曲直；粉笔几支，眼前早有横竖。3. 人生轨迹，尽在曲线弧度中；岁月印痕，都含加减乘除里。4. 点线面，横横纵纵演绎万象；甲乙丙，指指代代细说百因。5. 人生几何，点线面体共绘而成；世事方程，加减乘除同算方行。6. 爱问几何，点线角面关系到底如何；喜看数字，加减乘除换算究竟怎样。7. 巧设计，细绘人生图象；精计算，巧解生活方程。8. 代数几何，方程空间无限遐思；直线平面，函数极限不尽畅想。9. 寥寥线条，勾勒智慧人生；小小平面，铺就美好前程。10. 两指灵动，勾勒线条美感；双手轻盈，探索数字奥秘。11. 手执粉笔，解世事代数；胸怀壮志，问人生几何。12. 画线条，明目评判曲直；讲几何，盛气指点方圆。

写给英语老师：1. 口说进行时，不定式并非定语从句；牢记构词法，完成时不是被动语态。2. 心比天高，教两国语言培桃李；志同海大，育一代栋梁兴中华。3. 喜怒哀乐，舍弃过去时；酸甜苦辣，把握将来态。4. 把握现在时，将来怎会虚拟语气；追求最高级，理想常融情态动词。5. 通晓语法，学博思精造诣深；熟练口语，音准速快翻译棒。

写给物理老师：处三尺讲台，做功出力；凭一腔热血，放电发光。

写给化学老师：1. 气氛氩，弘天地正气；钾钙镁，铸英雄本色。2. 究天机，乐与有机无机做伴；培学子，巧同原子分子周旋。

写给生物老师：1. 实验室中，植物动物样样标本俱全；讲课台上，易题难题种种类型都有。2. 生为人杰，仁义礼智大综合；物以类聚，门纲科目细分析。

写给政治老师：1. 喜谈唯物论，实际客观看事物；善用辩证法，联系发展解问题。2. 俯仰刹那，巧点政治舞台风云变幻万事莫测；谈吐瞬间，乐道经济领域盛衰更替百章可循。3. 唯物辩证，探索物质本源；政治经济，解说社会焦点。4. 览世事沧桑，洞晓社会变化规律；看国家兴衰，窥破未来发展先机。5. 讲马哲，唯物辩证皆论；看世界，政治经济全学。6. 站世界高端，纵观变幻风云；立时代前沿，引领发展潮流。7. 静默如树，沉思哲思思万物本原；镇定似塔，家治国治治千秋功业。

写给历史老师：1. 看华夏，秦汉唐宋明清尽统一；观世界，英法德日美俄皆争霸。2. 上知两汉统一，侃侃论天下；下说三国争霸，娓娓道古今。3. 通览古今，华夏儿女共创华夏文明；遍听内外，世界豪俊同谋世界和平。4. 小小课堂，尽观古今中外；大大世界，全看成败荣辱。5. 观古今，秦皇汉武创伟业；通兴衰，中山润之济苍生。6. 纵观历史，秦汉隋唐元明清；横看世界，中美英法德日俄。7. 横览隋唐元明清，叹朝代兴衰；纵观辽宋夏金元，通古今变换。8. 叹兴衰，三国两晋成烟云；论成败，七雄五霸斗锋芒。9. 讲史家故事，论成败得失；述名人轶闻，评功过是非。10. 以史为鉴，宋元明清胜与衰；同理作战，古今中外荣和辱。11. 看秦汉，知中国千年文明；观隋唐，晓华夏百世辉煌。12. 谈历代，王侯将相谁主沉浮；看今朝，工农学兵各系盛衰。

写给地理老师：1. 看风水，乐道山川湖海玄机；察日月，巧解雪雨冰霜奥秘。2. 纸上攀高峰，悟透板块奥秘；图中越大海，弄清洋流深义。3. 上通天文，斗转星移尽胸中；下晓地理，风起云涌皆意间。4. 上通天文，好与日月星辰为伴；下知地理，喜与江河湖海作友。5. 日月星辰尽藏胸中，能上九天；鱼鳖虫兽全收眼底，可下四洋。6. 读教科书，乘季风，激起心中暖流；转地动仪，看世界，了解异域风情。7. 地壳在运动，季风吻过富士山；板块正漂移，梅雨爱上洞庭湖。8. 东经西经，包宇之无穷；南纬北纬，容宙中有限。9. 春夏秋冬，笑看史上风风雨雨；东南西北，畅谈人间分分合合。10. 评渔场，寒流暖流交汇处；看气候，旱季雨季轮换时。11. 预知天气变化，把握正确航向；探索自然奥秘，规划完美人生。12. 了解法国，梦品白兰地;熟悉蒙古,夜观北斗星。13. 说乾坤,拉扯经纬网;传知识,诉说天地源。14. 不辞辛苦,如周日运动;无论劳累,似季风吹拂。15. 抬眼望,日月星空,雷雨雪霜;低头看,山川土地,江河湖海。16. 经纬间穿梭,国家事域外事事事皆知;天地内畅想,自然理人文理理理都通。

写给体育老师:扣篮板,伸手赶超火箭队;踢足球,迈脚夺取世界杯。

写给美术老师:调配色彩,展现亮丽图景;勾勒线条,描绘精彩场面。

写给音乐老师:灵喉送韵歌声悦耳;巧手奏曲旋律动人。

总言之:一支粉笔两袖清风,三尺讲台四季晴雨,加上五脏六腑七嘴八舌九思十霜,教必有方,滴滴汗水诚滋桃李芳天下;十卷诗赋九章勾股,八索文思七纬地理,连同六艺五经四书三字两雅一心,诲而不倦,点点心血勤育英才泽神州。

上述对联其实说的都是教师的教学能力,展现的是各科教师精湛的教学艺术魅力。

精湛的教学能力首先体现在教师具有专家型教师的基本素质,也就是说具有教学专长。教学专长主要表现在课堂教学中,教师的课时计划能做到以学生为主体,表现出高度的灵活性与预见性;课堂管理方面,有明确的课堂规则;能灵活运用知识解释技术,能意识到回顾先前知识的重要性,解释有明确目的。注意启发学生的思维和提问后的反馈指导;关注学生练习,注意练习的指导,并确定练习的教学常规;运用一些非言语性行为来指导学生学习,并以学生的反馈来调整和判断自己的教学;能充分利用课堂情境的各种信息。钱理群老师难忘的学生时代的一节课是川大教授蒙文通上的课,这节课由学生出题来考学生,通过学生的问题判断其学识程度,当场断定本学期的成绩。这完全是一种自由不羁的生命状态。

有教师曾经总结会教的老师与不会教的老师之间的区别:会教的老师上课跟着学生走,不会教的老师则始终牵着学生走。会教的老师自己悠闲,让学生忙得不亦乐乎;不会教的老师则让学生闲得没事干,自己瞎忙乎。会教的老师把时间尽量留给学生;不会教的老师喜欢霸占时间。会教的老师自己讲得少，学生讲得多；不会教的老师喜欢自己滔滔不绝地讲。会教的老师根据学生的学习水平分类布置作业，让每名学生都能轻松完成作业；不会教的老师作业布置"一刀切"。会教的老师常常装作不懂；不会教的老师喜欢不懂装懂。会教的老师注重抓检查，抓落实；不会教的老师喜欢搞题海战术。会教的老师引导学生自己去找到问题的答案，不会教的老师把自己的答案直接告诉学生。差异还是比较明显的。

1. 教学艺术魅力的作用

精湛的教学能力还体现在教师能用艺术感染学生的心，他的教学具有艺术魅力。教师的课堂教学如果具有艺术魅力，就能唤起学生对所学知识、学科和技能的热爱，乐于把他们的精力和才智运用于对事物的探索和对知识的追求，培养他们主动的持久学习的积极性，感受到学习、探索、发现、创造的美感。

20 世纪初，正是现代物理革命风起云涌的年代。这场变革不仅关系到人类在 20 世纪后半期的命运，甚至关系到 21 世纪人类的未来。对原子结构的认识推动了理论物理学的发展。在当时，原子物理学被公认为是深奥而又抽象的科学问题，这使很多有志于科学的青年人望而却步。但在丹麦著名科学家玻尔组建的理论物理研究所里，他的魅力却成功地吸引了来自世界各地的最有才华的青年学者。玻尔的教学使物理学理论既是一门科学，又是一门艺术。在这里学习过的美国物理学家惠勒回忆玻尔讲课的艺术时谈到：无论是讲哪一种物质结构模式，是粒子式的还是别的什么式的，统统以生动的画面出现在黑板上，并被推向极限，以便引起人们大胆的想象和浪漫式思维；在论证中却又极端严谨，以便使每一个结论都是经过充分实证的。此外，玻尔还善于利用讨论方式提高学生的思考和理解力，引导他们把不同学科的知识贯通起来，以便能够深刻领会物理世界和物理学理论的哲学本质。玻尔善于创造平等、和谐的讨论环境。晚饭后，学生们十分珍惜在玻尔家中的讨论聚会。听讲的人们围坐在玻尔的周围尽可能靠得近一些，以免漏掉了什么，有的干脆坐在地板上。每当聆听玻尔的讨论发言时，人们便会感到苏格拉底复活了，以至讨论结束后，人们仍情不自禁地沉浸在这种柏拉图式的谈话中。

玻尔艺术化的教学，使其产生非凡的人格魅力，磁石般地吸引住学生，感染了学生。

在另一个欧洲著名的学术中心德国的戈丁根，著名的德国数学家希尔伯特也以他特有的理性化教学吸引了来自世界各地的青年数学家，人们形容他"像一个穿着杂色服装的魔术师，用他的魔笛把一串小老鼠引向数学的深河"。

教学艺术的魅力可以集中学生的注意力，激活他们对知识的理解力、想象力、创造力，提高教学效率，加强教学效果。

如果教学缺少魅力，学生的注意力就会被其他的东西吸引，从而降低学习效率。如果单纯依靠纪律或学习责任心的约束使学生专心致志，这种学习通常有被动性。即使学生能够较好地运用注意力、记忆力，也会因此抑制他们的想象力和创造力。这种教学技巧仍然是不全面的，它侧重获得的是知识而不是能力。由于教学艺术魅力产生于教学本身的美学特征、教学对象的个人条件和教学环境三者之间的相互作用与和谐关系，因此这一相互作用与和谐关系产生时，认知系统就具备自我组织的内在能力。皮亚杰的发生认识论认为，人的认识是在主体和环境的相互作用中实现自组织的过程，外界刺激与主体反应是双向相互作用的过程，因而个体的自我调节、主体的心理状态对认识起重要作用。文艺家认为，艺术魅力产生的原因与机制，在于欣赏文艺作品的人对文艺作品美的信息和审美环境的信息进行复杂的心理组织过程之后所产生的美感效应。这种效应是多种因素作用的合力产生的反应，它会激发欣赏者深层的审美心理结构，构成信息主体、客体、环境的和谐共生作用，从而成为认知系统中的驱动因素。教学艺术魅力作用与之类似。北京大学中文系教授曹文轩深感忧虑："一个老师不只是具有一份很详细的设计性的教案，还应当有一份像样的讲稿；一节语文课不只是提问，应当有一段一段十分地道的言语，像宝石一样镶嵌在整个教学过程中，这些话熠熠生辉，照亮课堂，也打动听者的灵魂。"教师优美的富于哲理的话语本身就是艺术性，具有艺术魅力。"我以为，一个讲授者，应当知道讲台是属于他的，那是他的位置所在，那是他发心魂之声、发智慧之声、发启蒙之声的地方，也是给每一个孩子发声的机会。将教鞭当成羊鞭，将这群羊赶起来，去山坡，去草地，去水边，这是一幅现代画，现代课堂最生动的画面，但这并不应当是以讲课者的失语为代价的。最理想的课堂应是强强集合，有众声喧哗，也有独领风骚，要让那些孩子在那一刻领略老师的才华与风采，领略文本的精髓。"曹文轩描述了语文课堂的"理想国"。

教学艺术魅力可以提高学生的审美能力，有助于构成真、善、美三位一体的知识信息价值观，促成身心的和谐发展。

教学艺术魅力使教学突破传统的传授知识活动的局限性，使教学内容的知识信息叠加上审美信息，从而使人的认知系统中理性与情感之弦同时被拨动，产生相互加强的共振效果。这时，学生不仅借助审美情感促进了知识和理性能力的获得，也从相对独立的审美信息中获得了情感上的满足。我们有时听到学生反映：听某某老师的课简直是一种享受，指的就是用审美评价总体上对教学的积极肯定。久而久之，学生的审美能力和审美需求就会得到提高，审美品位会逐步趋向高雅化。

既然教学艺术的魅力本质是一种美感效应，是教学对象对教学活动的一种审美心理效应，那么，提高教学的魅力就是要达到教学美的水平，使教学活动能吸引人。高水平的教学艺术，犹如高水平的艺术品一样，应该达到摄人心魄的忘我迷恋程度。要做到这一点，既要了解一般艺术魅力的共同性，又要掌握教学艺术魅力的特殊性。

2. 教学艺术魅力的产生

就艺术魅力的共同性而言，它们总是产生于审美者对艺术形象的观照之中。艺术魅力首先来自艺术形象的魅力，这包括艺术形象的创造性、生动性、真实性，艺术形象的思想性、真挚性、合理性，这两方面的结合，使审美者由形象的感知发展到内心深处的震撼。《蒙娜丽莎》的魅力，就在于它反映了文艺复兴时代人性的复苏，她所展现的似有若无的神秘笑容，蕴含着人的生命力的深沉和精神上的高雅、善良，也含有慈爱、宽厚的人性意蕴，从而使每一位观照者都可以从她的音容笑貌中产生对真实人性的渴望与赞美。

就教学艺术的个性而言，教学通常是以理性化的知识体系为内容的，而艺术形象不过是它的外在信息载体或表现的中介，因而，教学艺术美不能满足于形象的魅力。18世纪英国著名美学家哈奇生认为，美有本原的和比较的两种，也可以分别称为绝对美和相对美。"我们所了解的绝对美是指我们从对象本身里所认识到的那种美，不把对象看作某种其他事物的摹本或影像"，例如从自然作品、人物形体、科学定律之类的对象中所认识到的美。相对美则是从事物的摹本中所观照到的美。哈奇生所说的绝对美，包括自然美和科学理性美，它源于事物结构的比例合度及关系的和谐。缺少整体和谐关系就失去了这种深刻的内在美。就教学而言，教学内容的逻辑性、系统性、条理性和简洁性可以使人产生美感。例如，数理教学中缜密的逻辑推理和严谨的论证，层次分明的表达，以及突出重点保证总体教学目标实现的合理结构，都可以使教学扣人心弦，增强教学艺术的魅力。教学情境的艺术化也会产生很好的效果。钱理群学生生涯中终生难忘的两节课，其中有一节就是刘文典老师的课：八月十五，老师在月光下为学生讲《月赋》，草地上学生围坐一圈，老师端坐其中，当头一轮明月，俨如《世说新语》里的魏晋人物，多么美妙！

教学的逻辑性强、层次分明、结构严谨之所以会产生魅力，在于这些属性符合客观事物的内在规律，也符合人类对客观世界认识的规律性。这种美的背后是真，因为教学艺术的功能是多方面的，除了艺术教学本身以美作为主要的教学目标之外，科学的教学，其主要目的是掌握科学真理。这种"合目的性"的规定性，使理论教学有不同于艺术或游戏教学的审美原则和审美感受。

教学的魅力来自教学内容的真实性、真理性。确切地说，这要求对科学理论做出正确的理解、表述，对科学事实善于做精心的选择，这不仅要求理论与事实材料都是真的，而且要求二者之间配合得恰到好处。科学史学家沙利文说："因为科学理论的主要宗旨是发现自然界中的和谐，所以我们能够立即看到这些理论必定有美学价值。科学理论成就的大小，事实上，就是它的美学价值的大小。……因为没有规律的事实是索然无味的，而没有理论的规律至多只有实用的意义，归根结底，引导科学家的动力是美学冲动的表示。"因此，教学的魅力之美在于充分展示科学真理的美，并把它同最典型的事实材料有机地结合起来，以便让学生也能理解它，欣赏它。科学家对科学理论的这种审美感情同艺术家是一致的。

教学魅力来自生动、形象、富有艺术特色的表达。科学美是一种抽象的深奥的美，它需要通过艺术形象的引导和配合才能为初学者逐步感知和领悟。在教学中，教师如果能运用丰富生动的语言、直观形象的画面和优美动人的音乐，同教学内容有机地配合起来，必然能使二者相得益彰，加强教学的艺术性和吸引力。特别是在现代教学中，运用电视录像、多媒体辅助教学手段，可以使教学生动活泼，效率提高。许多传统教学手法，如模型演示、生动有趣的故事、幽默艺术的语言，甚至教师充沛、细腻的感情表达，都可以使教学的魅力增强。

中外教育的调查显示，未来最受学生欢迎的教师类型中，富有幽默感成为教师的必备素质之一。一名优秀的教师，不应该只把课堂当作传承知识的场所，更应该把课堂当作师生交流思想感情、碰撞智慧火花、启迪智慧灵感的其乐融融的"磁场"。能使教学产生快乐情趣的方法很多，但最直接最有效的还数幽默。记得师范毕业实习时，讲教材教法课的一位老教授给我们上了一堂示范课，开场白给人留下了终生难忘的印象：上课铃响后，白发苍苍的老教授走上讲台，一片齐刷刷的声音问道："老师好——"这位老教授一本正经地说："同学们错了。"就在大家惊愕之际，老教授推了推眼镜，笑眯眯地说："我是你们老师的老师，你们说说，该怎么问候呀？"同学们立刻醒悟过来，齐声道："师爷好——"老师笑了，同学们也笑了，课堂的气氛一下子变轻松了。那种愉快的情景，20 多年过去了，至今仍记忆犹新。

幽默是教师人格魅力的展示。复旦大学外语系教授陆谷孙提出，上一堂课至少要让学生大笑三次。他讲课妙语连珠，别具情趣，具有独特的个性魅力，在丰富的知识教学中，不失时机地"幽"他一"默"，显示出一种大师的气度和智慧。他开的讲座，不仅外语系的学生喜欢，其他系的学生也踊跃前往，场场爆满。在复旦大学评选最杰出教授活动中，陆先生以最高票数雄踞榜首。可以说，陆先生的课堂教学"三笑"论，已不仅是一种幽默的智慧展示，更是一种全新的教学理念的成功实践，是教师人格魅力的闪光。

教学魅力来自于教师的善于观察，敏于综合。一个优秀的教师，很善于观察体验学生的心理，很善于把社会的、家庭的、学校的、媒体的等等一切可资利用的资源充分地利用起来，为教学服务，为学生的健康发展服务，创设身临其境的效果，让学生终生难以忘怀。这里我们介绍一个美国教师的故事。

老师要进国会山

维斯先生是在 1996 年的一个暮春之夜宣布他"石破天惊"的决定的。那时我是 11 年级下学期的学生。他向我们宣布：自己将参加竞选联邦参议员。竞选联邦参议员?! 我们的高中老师?!

维斯先生是我们高中"美国政府"AP 课的老师。他很年轻，刚刚满 30 岁，五六年前才从麻州州立大学政治系毕业。维斯为人热情，讲话诙谐，来到学校后，很快就博得学生的好感，成为全校最受欢迎的老师之一。他话音一落，会场顿时沸腾起来。

有学生问：参加联邦参议员竞选要什么条件？维斯先生答：宪法规定 30 岁以上的人可以竞选参议员。我今年刚刚满 30 岁，正好够格。另外，新泽西州的规定是：你如果得到 100 个选民签名连署，就可以把你的名字作为候选人印在选票上——如果你们都回去动员动员你们的父母，我想，得到 100 个选民连署，应该是没问题的吧？有学生问：民主党和共和党候选人参选，动不动就要花好几十甚至几百万元，你参选的经费从哪里来？维斯先生答：他们这些钱全部花在买电视广告、印传单或是雇人挨家挨户去游说，来提高自己的知名度。而我既然志不在得胜，只是给学生们一个参与、亲身体验民主步骤的机会，我只准备请我的学生用口头和电子邮件的形式，告诉他们的朋友和亲友我竞选的事。我绝不会收任何捐款，一切竞选活动都由我的学生们在课堂外自愿义务参加。有学生问：你竞选的章程是什么？怎么订？维斯先生答：所有的竞选章程都由学生订。记住，我是代表你们的，我只是你们向外界表现自己的一个工具，一副喉舌。制订章程将是我们"美国政府"课程学生的任务之一，我是会照此给你们成绩的。有学生半开玩笑地问：如果你真当选了怎么办？维斯先生笑答道：我只好义无反顾地上任喽。当然，我们都知道，这种可能性只是"万一"——几乎是零。

维斯有 6 个月的竞选时间。在他宣布竞选的第二天，《家园新闻报》就在"社区新闻"那一版把此事作为一个温馨的小新闻登了出来，还登了维斯先生的照片。

我们郡的教育委员会的一位女成员，在《家园新闻报》上写了一篇文章，攻击维斯先生是利用他的教师职权来"达到他的政治目的"。这篇文章写得语无伦次，于是义愤填膺的家长和学生纷纷拔刀相助，写信给报社反驳那位女教委。这个不大不小的风波，倒无意中让他在竞选中提高了知名度。

我们的"党"，命名为"未来就是现在党"。9 月初，我回到学校，已是12 年级的"大"学生。这个学期我也选了"美国政府"课，师从维斯先生。我们就理所当然地接替了已经高中毕业、上了大学的前一拨"竞选助理"和"幕僚"。维斯先生的竞选渐入佳境。前一个年级的同学已经决定，把维斯的"党"——也就是我们的"党"——命名为"未来就是现在党"；现在助选的任务已经落到了我们这些"新党员"的头上了。维斯说，按照上届同学讨论的结果，他的竞选纲领将主要由四个部分组成：（1）社安保险改革；（2）竞选经费管理改革；（3）教育经费补助；（4）平等权益法案。这是四个框架，但上届同学来不及研究出在这四个方面究竟提出什么主张，"这就是你们这一届同学的任务了"。维斯先生笑着说："只要我的得票数超过两百票，你们就统统得 A！"同学们摩拳擦掌地开始了。我和好友克莱尔参加了"社安保险系统改革委员会"。克莱尔，我，小组的另外两个男性成员——格莱格和迈克，此后整整一个星期，放了学就到图书馆聚头，4 个人分头找关于社安保险的文章，维斯先生也向我们推荐了几篇文章。

首先，我们决定，社安保险应该像政府颁发的其他救济金一样，要严格审查领取者的资格，不该拿的就不给他，只有真正需要的人才能拿。其次，我们把老人够资格拿社安福利金的年龄上调若干岁，这样，减少了领取者的人数，应该能省不少钱。最后，我们又把每个领工薪者交的社安保险税率调高一点。这样改动，即使不能使危机烟消云散，至少也能使危机延缓爆发吧。我们小组研究了查到的各种数据之后写了一篇论文，配上搜集的图片，在班上做了报告；其他小组的成员也都把各自讨论的结果，总结成报告来在班上宣读。一时，班上同学说话的口气都大得了不得，出来进去全是美国的头等大事。每个班几个组的报告初稿完成以后，就得找时间跟其他班的小组横向讨论、协商，以达成共识。于是，我们小组放学后就和上这门课的其他三个班研究同样课题的小组会合。

真正有可能当选的人来了，够刺激的事一件接一件。一天，维斯先生向全班宣布，民主党的候选人托利赛理先生已经欣然接受他的邀请，准备下星期二来我们学校访问我们这个"未来就是现在党"，与所有"党员"进行半小时座谈。马上就要和"真正的"民主党候选人见面了！那天新泽西州大报小报和电视台的记者全来了。各式各样的摄影器材塞满了学校图书馆。11点还不到，4个班、120位"美国政府"课的学生，已经坐成满满一圈。

11点过5分，托利赛理和他的助手们与维斯先生一起走进图书馆，我们爱迪生市的斯皮多罗市长也跟着来了。托利赛理约莫50多岁，秃顶，一副精明相。一见到同学们，他马上满面堆笑地与前排的同学一一握手——这些都是政客的基本功。在讲话中，托利赛理先生抨击了竞选时的严重资源浪费，他所说的话，简直一字不差地就是我想对他说的！

他的简短讲话完毕之后，同学们就开始提问。提的问题一个个都十分尖锐，直捣要害。

托利赛理先生水来土掩，兵来将挡，把问题一一解答了。当然，有的问题含糊其词虚晃一枪，有的他并不真正了解，也就支吾过去。回答了六七个问题后，托利赛理便站起身来，与维斯先生告辞——竞选日程还安排有别的旋风式访问呢。同学们热烈鼓掌感谢他。维斯先生站起身来，赠给他一件印有我们"未来就是现在党"图案的 T 恤衫。托利赛理先生与维斯先生握手感谢了他的邀请，又诙谐地说："祝你们竞选好运！你们大概是我的对手中对我最友好的了。"

　　第二天，维斯先生在上课时，拿出当天新泽西州各大报刊，各大报刊都报道了托利赛理拜访我们学校。《家园新闻报》还把托利赛理与我们老师握手的照片放在了头版，用了很长篇幅来介绍维斯先生的竞选以及托利赛理来访经过。各报的文章都引用了不少同学在采访中的谈话，包括我和克莱尔昨天所接受的采访。同学们把这些文章传来传去，兴高采烈。

　　过了几天，更大的宣传机器来了。美国最大的广播电台——"国家公共广播电台"（简称 NPR）不知从哪个渠道得知了有一名中学教师为了教育他的学生们，也宣布参加选战。他们派人与维斯先生联系，要到学校来采访学生们，在晚间新闻节目中介绍我们。

　　第二天，我们到达教室时，教室四角已经安装好了庞大的录音器材，以及伸得长长的话筒。广播电台的女记者苏珊已经坐在教室当中，正与维斯先生谈话呢。苏珊问道："你们觉得，通过这个活动得到的最大收获是什么？"我突然觉得有话可说，举起手来，苏珊马上把话筒举到我面前。我说："我觉得，我们的竞选让同学对这次美国大选中许多争论的焦点有了更深入的了解，也明白了为什么政治家们对这些问题深感头痛。比如说，我在参加竞选之前对社安保险系统一无所知，但这次我们小组研究社安保险系统的改革并且提出方案，可真花了一番工夫。"别的同学都直点头。

　　NPR 来访后三四天，在暑假读书夏令营中认识的男生伊恩写来电子邮件，说："昨天晚上我在听 NPR 时居然听到了你的声音！他们介绍了你们老师竞选的情况，真是太棒了！你以前写的信中提到这次竞选，我还没有当真，没想到竟真是全国闻名！"

　　NPR 的宣传只是个开始。美国四大电视网之一的福克斯（Fox）也拉着摄像机到学校来拍摄了一通。给我们竞选提供最大的免费宣传的，大概就是"有线电视新闻网"电视台（CNN），他们主动对我们访问。维斯先生选了在一开始就帮他助选的电脑迷迈特和一个形象清秀的韩裔女生米娜，与他一起去了纽约。我们全班一起观看了新闻节目的录像，迈特的表现真是出色，他对美国许多时事倒背如流，引起节目主持人的惊叹。而维斯先生彬彬有礼，一副可敬可亲的样子。看到这个节目的观众，一定都会不由自主地对他产生好感。

10月下旬，竞选进入最后的冲刺阶段时，维斯先生又领我们参加了两次别开生面的宣传活动。第一个活动是新州所有竞选参议员的独立党派候选人辩论，是维斯先生在一天下午带着十几个自告奋勇的学生去参加的。原来，新泽西州除了民主党、共和党两大党派之外，还有十来个小党呢，什么自由主义者联盟党呀，自然法律党呀，绿色党呀，进步党呀，社会主义党呀，等等。那天辩论会共邀来包括维斯先生在内的 5 个独立小党候选人。结果，所有这些党派候选人都对维斯先生怒目而视，把他当个"局外人"——或者说是"搅局的人"，而且非常嫉妒维斯先生在竞选期间得到的媒体注意，比他们所有人加在一起都多。自然法律党的女候选人讲话时，拼命攻击维斯先生"将政治这种严肃的事情当儿戏来看待"。说到激动处，声音都变了。维斯先生为自己辩护说，自己也是为信念才来竞选的——他相信应该让年轻人更了解政治，也希望能借自己的竞选让政客们更多地听到年轻人以及教育界的声音。

"希望你到 11 月 4 日那天投票给我们。"我们市所在的郡举办"露天集市日"。维斯先生告诉我们，他已经跟集市筹办委员会预订了两个摊位，用来进行我们"党"的宣传。

我和十几个同学当上了宣传员，手拿着硬夹子和笔，在街上四处找人谈话，宣传我们的政纲。我鼓起全身勇气，走向一个看上去面孔和善的妇女："对不起，太太，我能问你几个问题吗？只要 5 分钟。"她被我的窘相逗笑了，说："好吧，你只管问吧。""请问，你听说了新州参议员竞选的事吗？""嗯，没有。"我赶快在"没有"那一栏打上记号。

"你知道两个主要大党候选人是谁吗？""不知道。""您听说过'未来就是现在党'吗？"

"对不起，从来没有听说过。""我们是主要由一群学生组成的党派，我们的老师现在正在竞选新泽西州的联邦参议员。我们对美国的现实有许多不满……"我谈了大概两三分钟，简要地说明了我们面对的问题以及我们拟订的改革方案，也不知那位妇女都听进去了没有。最后我说："希望你到 11 月 4 日那天投票给我们。""哦，好的，谢谢你。"她向我微笑了一下走开了。

事情比我想象得要容易。我信心大增，又向七八个人做了宣传，其中大部分都没听说这场竞选参议员的角逐，或是只听说过一点点。唉，看来美国的投票率低就是因为太多人漠不关心啊！不过，很多人很有耐心地听我把话说完，绝大多数对我们的竞选表示支持，不少人答应投我们的票。

选举日到了，维斯先生在班上给我们传看了选票，上面印着他的名字，十分幸运，他的名字排在十几个联邦参议员候选人的第四位——相当靠前了。我们都不够法定年龄，都没有选举权，选票也只能够看看，见识见识而已。但我们对凡是有投票权的亲友，都是千叮咛万嘱咐：拜托，千万投我们维斯老师一票！

当天晚上，选举结果就在电视上揭晓了：克林顿保住了他白宫的宝座，托利赛理赢得了联邦参议员的席位。我们关心的却是维斯老师。

第二天上课，维斯先生满面春风地走进教室。"你们知道吗？我们'未来就是现在党'得了一万三千多票！一万三千多个选民投票给我们！"教室里顿时欢声雷动。我们"未来就是现在党"的得票数比新州许多历史悠久、经费和经验都比我们充足的小党还多，排在第五位。这哪里是失败？明明是一场大捷！

这门课真是太棒了！维斯老师太棒了！

我们学校 1997 届毕业生的年鉴里面专门有一章介绍教师。这一章大标题和第一段是一连串问句："为什么成为一个教师？""是工资？是声望？是自由？还是工作条件？吸引一个人去当老师的是什么？这工作并不讨好，也不过就是每年有一个'感谢教师周'而已，没有红利，没有免费产品，没有免费去夏威夷旅游，只有一份不算丰厚的薪水和每天早上一壶廉价咖啡。高中学生很烦人，他们从不服贴，只把学校当作周末与周末之间的娱乐场所。教书的唯一好处似乎只有每年 3 个月的暑假。"年鉴中选登了几位老师对这个问题的回答。福拉特先生说："我讲课好像在观众面前表演，我喜欢这个。"他说教书能获得的回报是"赢得了学生们的喜爱"。沃德尼克老师则回忆说：

"我小的时候发誓我不在办公室坐班。教书给了我创造的机会，以及鼓励学生们的创造性和批评性思维的机会。"教书还使得"我不用对任何大人物叩头"。

[高歌. 我的美国老师：中学篇. 中国青年报，2000－11－29.]

如果加以归类的话，这位美国教师的教学可以算作"情境"教学。情境教学不是什么新鲜玩意儿，中国的教师也常常这么做，但仔细分析一下，就可以看出他们的不同。中国的教师常常是创设一个真实的假情境，诸如"假如我是市长"、模拟法庭等等。而这位美国教师维斯先生他完全是创设一个真实的情境，把学生直接带到社会中去，实实在在参与竞选，其目的在于"给学生们一个亲身参与、体验民主步骤的机会"，"他相信应该让年轻人更了解政治，也希望能借自己的竞选让政客们更多地听到年轻人以及教育界的声音"。如此做法的效果显然与真实的假情境是截然不同的。学生们在直接参选助选的过程中，体验到许多课堂教学无法体验到的东西。而在这样的过程中，教师的个人魅力也得以充分展现，令人难以忘怀。

教学魅力增强了教师的人格魅力，课堂教学对教师而言，不只是为学生成长所做的付出，不只是别人交付任务的完成，还是自己生命价值和自身发展的体现，对学生能够产生积极的影响力。因此，每一位热爱学生和自己生命、生活的教师，都不应该轻视作为生命实践组成的教学实践，要使每一节课的教学都能得到生命的满足。

教师的教学魅力来自于教师自身不断地坚持正确的做法，持之以恒终究能形成魅力。

美国标准石油公司里有一位小职员，名叫阿基勃特。他远行住旅馆的时候，总是在自己签名的下方写上"每桶四元标准石油"字样，在书信及收据上也不例外，签了名，就一定写上那几个字。他因此被同事叫作"每桶四元"，而他真名倒没有人叫了。公司董事长洛克菲勒知道这件事后，大感惊讶地说："竟有职员如此努力宣扬公司的声誉，我要见见他。"于是邀请阿基勃特共进晚餐。

后来，洛克菲勒卸任，阿基勃特成了第二任董事长。

这实在是一件人人都可以做到的事，可在偌大的公司里，只有阿基勃特一个人愉快地坚持着去做了。嘲笑他的人中，肯定有不少才华、能力在他之上的人，可是最后只有他成了董事长。

成功是一种习惯，并不是非得要干一件惊天动地的大事才能获得成功。从小事做起，而且坚定不移，乐此不疲，直到让做好小事成为你良好的习惯，你便具备了成功者的品质。

教师的教学何尝不是这样？当下很多老师都喜欢追逐时尚，今天流行什么就做什么，今天流行杜郎口模式，我就采用杜郎口模式教学；今天流行洋思中学模式，我就采用洋思中学模式；今天流行小组合作式学习，我就采用小组合作式学习；今天流行翻转课堂，我就采用翻转课堂。每一种教学方式都是浅尝辄止，最后一事无成。认准了一个正确的方向、一种正确的做法，就持之以恒地坚持做下去，水到渠成，效果一定很好，教学魅力自然产生。

（三）评价能力

正确积极地评价学生，让学生满怀信心地学习、进取。作为教师，必须具备多方面的能力，而学会积极准确地评价学生，则是决定教师在学生心目中是否具有人格魅力的一个至关重要因素，也是影响学生成长发展的一个重要因素。我们不妨看一看美国老师对一位学生的评语。

法语老师的推荐信

在过去的 5 个月中，我很高兴地认识斯蒂芬（端木的女儿）。她去年 10 月到沙龙高中读书时，我教她法语。法语对她来说是一门全新的课程（她的第二外语），同时她不得不掌握英语（她的第一外语），还要适应新的文化氛围，但所有这些都没有难倒她。

斯蒂芬是个非常聪明的学生。她在沙龙高中的第一周，就问是否可以放学后留下，让我教她以前没有学的功课。令我惊奇的是，斯蒂芬在一个小时内就都学会了。她不时地展示她的语言天赋，在班里成绩最好（从开学第一天起，她的分数没有低于 A 的）。她对细节和微妙的语法差别有敏锐的感知，能成功地记住新词汇并在文章中创造性地运用。出语轻柔的斯蒂芬能轻松地表达自己的想法。我对她适应困难的法语发音的能力印象非常深刻。斯蒂芬学习勤奋、自觉，总是认真完成作业，她的努力和精确超出我的预期。

斯蒂芬是成熟、友好的女孩。她的同学大部分像大一新生，只有她像大四学生。她在小组中做得也不错，我经常看见她给同学讲解难题。另外，我们课下经常交谈，她既和我分享她的经历，又喜欢问我有趣的问题。我相信，斯蒂芬在大学里会继续在个人学术方面取得进步，获取成功。对你的 2005 班（毕业班）来说，她是宝贵财富。我毫无保留地推荐她。

凯瑟琳 M. 特纳

数学老师的评语

我很高兴写这封信，并以我的名誉担保。斯蒂芬今年参加了我的初级微积分课程的学习。学习期间，我发现斯蒂芬不仅勤学好问，而且富有同情心。她总是努力、认真地完成作业。她在数学和解决难题方面有显著特长。

斯蒂芬经常以自己优雅而且具有创造性的方式解决难题，完成数学证明。斯蒂芬也常常帮助身边的同学做难题，在校期间，斯蒂芬为了得到问题答案，通常比别人回家晚，有时候她也在学校里帮助别的同学。

学生们尊重她的文静和才智以及她解释问题时的耐心。显然，她在享受着帮助同学的乐趣。有斯蒂芬做学生我很高兴，她在任何校园都会受到珍视。为上述原因，我向贵校推荐斯蒂芬。

特雷西·史密斯

英文老师的评语

斯蒂芬从不在没有准备的情况下进行学术辩论。她的准备总是全面而准确。她不喜欢大惊小怪，对每个可能的事件都有预测。有的学生考试时爱靠运气"赢取胜利"，获得最佳，但斯蒂芬不这样，她付出的代价是时间和努力，这在她优秀的作业中有所反映。

斯蒂芬不仅仅是学术机器。她对学习感到兴奋。有的学生仅仅是搜集信息，而斯蒂芬在探索智慧。她与困难的概念搏斗。对有挑战性的问题，她不接受简单的答案。她所做的是把不同的想法结合起来，把众多概念放在一起。她不怕在解决难题时碰壁。我很喜欢像她这样有毅力的学生。她能适应高水平的大学学业吗？我以性命担保她行。对此，一秒钟都不应该怀疑！

人格的力量。这就是全部。这就是麦粒和谷壳的区别，这就是斯蒂芬的内在。不自负，不自私，不虚伪，她是积极向上的女孩，能够明辨是非。

斯蒂芬勇于对自己的行为承担责任，当事情不顺利时不找借口。她知道如何自我解嘲，也知道如何关心别人。她不贬低别人，也不利用别人。她尊重人，对人公平、体贴。她具有人格的力量。我就以此来结束我的评价。

约翰 C. 科林斯

英文老师对女儿的评价让端木先生目瞪口呆，以至端木惊讶地叹道："有哪位老师会对一个学生的品质'以性命来担保'？！无论对学业上的特点描述，还是对内在人格的观察，甚至对女儿未来的预期，这位有博士学位的老师都远远超过了我这个父亲——我感到惭愧，以这样宽阔的视野对一个孩子做出评价，对我，对中国的教育文化来说都是陌生的。"

指导老师的评语

去年 10 月的一天，斯蒂芬从中国来到马萨诸塞州沙龙市的沙龙高中，坐在我的办公室里登记注册，成了我们这里的新学生。哇！我无法理解她脑子里会想些什么。第一印象容易给人错误导向，但我很快被这个女孩的沉着、聪慧所震惊，开始关注在她身上会发生什么。

幸运的是，斯蒂芬 11 岁时曾经在澳大利亚住过一年半，英语表达能力和理解能力都不错。我们开始制订帮助斯蒂芬的学习计划。当天，斯蒂芬表示她的目标是争取和其他高年级学生一样从沙龙中学毕业，然后申请在美国读大学。作为一个在沙龙中学做过 37 年顾问，接触过来自不同国家的留学生的人，我不得不指出斯蒂芬的目标太高了。但是，她以轻柔却坚定的语气笑着回答："我是高年级学生，想这个学年就毕业。"

斯蒂芬表现得很完美。在我做顾问的经历中，还没有听说过有外国学生比她更快地完成了学术转型。谦虚的斯蒂芬甚至不愿意接受她应得的高分数。

数学和其他理科方面的科目对她来说很轻松，遥遥领先于她的同班同学。她喜欢语言，学起法语来是个明星。然而在英语和美国历史方面，她的阅读和写作水平还需要努力。她的所有老师都有共同的想法，"她太不可思议了，请再给我们20个像斯蒂芬这样的学生！"他们一致赞扬她的勤奋、学术好奇心、专心学习和愿意帮助小组中其他同学的行为。平时斯蒂芬在课堂上很安静，但一被叫到回答问题时总是清楚无误，显示出极强的理解力。

她的历史老师这样评价："考虑到斯蒂芬有限的学习英语的经历，她在字谜、小测验和写作方面的成就是惊人的。我知道她花几个小时做每日的字谜测验准备，胜过她的同学。她来我班的3个月中写作能力就大幅度提高。她总是来寻求帮助，问很棒的问题。"

我有充足的理由相信，她在美国有竞争力的大学里会非常成功。她的法语老师补充说："尽管这只是初级法语班，但斯蒂芬是迄今为止最好的。她对语言敏感，在一个小时内就能掌握别的同学一个月才能记住的单词。她人也很好，总是耐心地帮助同一小组中落后的、新来的学生按时完成作业，因而他们特别愿意和她在同一小组。毫无疑问，斯蒂芬聪明、专心、勤奋，而且特别有组织纪律性。"

最后，教她初等微积分和三角学的老师这样评价斯蒂芬："一个优秀的学习数学的学生，拥有极高的数学技能。她的作业总是无可挑剔，很明显，她依靠直觉，有创造性地解决问题。她谦虚、不摆架子、文静，但是她积极主动地伸手帮助同学。她经常放学后来找我，而我在忙着和别的学生交谈时，她就在教室里帮助其他同学。"

斯蒂芬在学业上越来越自信，同时她也开始交朋友，在社交方面开始轻松自如。她爱好运动，希望能参加我们学校的春季田径比赛。她开始意识到自己和沙龙高中的同龄人有许多共同之处。最近，她的父亲问她美国教育和中国教育有什么区别时，她说："老师不一样。美国老师非常亲切、友好，考完试他们进行评论；而在中国，我们只是拿到分数。在中国我们需要死记硬背，而在美国你不得不学习思考，学会表达思想。"

斯蒂芬是个不同寻常的女孩。她独立、灵活，非常善于适应生活中的变化。她以乐观的态度看待将来在大学的学习。尽管她想念父亲、其他亲人和在中国的朋友，但她肯定对大学的挑战有准备。在沙龙高中的极短时间里，她就证明了自己是优秀的学生，是积极进取、善于接受挑战的女孩。

我满怀热情地赞同最具竞争力的大学接纳她。

乔·贝克汉姆

这是《中国青年报》2001 年 4 月 2 日刊登的端木先生的一篇纪实文章。端木先生说："说实话，贝克汉姆先生的推荐信，我读起来就像是一个老朋友在与我娓娓而谈，亲切、从容，充满热忱。显而易见，他是如此负责，除了自己的观察，还逐一征询了女儿所有科目老师的意见，遣词用语非常谨慎。例如，他很担心女儿因为爱面子不主动在上课时积极回答问题，而主动、积极回答问题是美国教育中非常被看重的品质，他几次在邮件中叮嘱她要'改正这个缺点'。贝克汉姆先生也发现了这一点，但他使用的词是中性的——'安静'。他在小心翼翼地呵护着什么呢？呵护着学生的自尊！"

教师的评价能力和评价准则非常重要，既关乎学生的健康成长，也关系到教师自身的人格魅力！一个孩子如果总是受到负面评价，就会产生自我的"负驱动"，自暴自弃。

而我们个别教师给学生写的评语，或许能看出一些问题：所有的评语均采用"该生……"的提法，这几乎成了一种固定的评语写作模式。这是一种典型的面向家长的评语，目的是为了让家长了解自己孩子在学校的表现，以便和班主任配合，更好地教育孩子。学生在这里，被视为介于学校与家长之间的"第三者"。评语的内容笼统、趋同，用语枯燥、贫乏，语词的重复使用率之高令人惊奇！其中一个班级，52 名学生，52 份评语，所有评语加在一起共用语词 462 个。被使用最多的 11 个语词分别是：

尊敬老师，团结同学，遵守纪律，上课专心听讲，希今后戒骄戒躁，争取更大的进步，按时完成作业，学习态度端正，学习成绩较好，积极参加各项活动，劳动积极，有集体荣誉感。

这些语词使用频率总和为 312 次，占全班评语总语词个数的 67.5%！而在这 11 个语词中选择 5—8 个语词作为学生评语的共有 13 份，有些语词在不同学生的评语中竟能一字不差地反复出现。

与此同时的一个有趣发现是，不少学生记得最清晰的、最喜欢的往往是那些最符合、最代表他个性特征的句子，比如："你体弱多病"，"虎头虎脑"，"你是一个粗心大王，好好的试卷上常常因为你的粗心而得不到满意的分数"，"你个子虽小，却有惊人的爆发力，所以体育一向是你的特长，同学们每次都非选你当体育委员不可"，等等。

调查结果证实了以往评语中带共性的问题：评语主要面对家长，而不是面向学生，忽视对学生的教育意义；在评语结构中，偏重对学生行为的评价，忽视对学生个性的评价；评语一般化，往往不符合学生实际，不同学生的评语之间差别甚小；评语用语贫乏，流于俗套，不足以打动学生。我们的教师要实现从面向家长的评语到面向学生的评语的转变，从片面评价的评语到关于学生素质全面评价的评语的转变，从枯燥的评语到色彩斑斓的评语的转变，从结论性评语到形成性评语的转变。

一是写给学生看：只考虑对学生个人的影响，不考虑别人的印象。

二是写出"这个人"：让学生了解他自己以及自己在集体中的位置。

三是写这个人的"新起点"：包括新的进步或退步，新的生长点，即在他的过去、现在与未来的联结点上对他做出评价。

这是著名哲学家黑格尔当年从神学院毕业的时候，他的老师给他写过的一则评语："黑格尔，健康状态不佳，中等身材，不善辞令，沉默寡言，天赋高，判断力健全，记忆力强，文字通顺，作风正派，有时不太用功，神学有成绩，虽然尝试讲道不无热情，但看来不是一个优秀的传道士，语言知识丰富，哲学上十分努力。"

教师以平静的语气，真实客观地刻画出了黑格尔"这个人"，他的个性、能力、取向以及弱点和不足。可以说，这份评语就是在写黑格尔，写给黑格尔看的。

今天看来，这份评语仍有一定的借鉴价值。可以设想一下，如果我们每一份评语只是针对"这一个"孩子而写的，那些与众不同、充满个性化的描述，那些丰富多彩、色彩斑斓的语言也就会自然而然地流淌出来。在写出"这个人"的同时，具有教育意义的评语是不可忽略的，这应该是评语的核心。与传统的评语不同，"鼓励"成为评语的基调。教师运用发展的眼光，通过鼓励的方式与学生交流，对学生的发展和所取得的成绩表示认同，使学生形成健康的自我认识，更好地把握自己未来的发展。与笼统的表示期望的笼统建议不同，体现一定"教育性"的具体意见显得更为重要。这些有价值的、有针对性的建设性意见，对学生的成长是很有帮助的。

教师的评语针对性要强，内容要具体，评价要准确，以鼓励为主，用语要活泼、简洁，在鼓励之中指出缺点；同时教师要针对评语中提到的关于学生的优缺点和今后努力的方向，采取一系列教育措施，真正达到促进学生不断进步的目的。

总而言之，评语其实就是换一种方式和学生交流，用书面语教育学生，书面语的好处是更加庄重，有一种仪式感。如果这则评语写得不好，孩子们随手一丢，波澜不惊；如果写得好，能够触动孩子内心世界那根弦，也许能产生很好的效果。

概括地说，"评语"有三个特性：第一，评价判断，它要叙述、评论学生是非、对错；第二，协商互动，它是师生之间的对话，也是教师与家长之间的对话，好的评语应该由单向传递变为多向交流，由过去只是教师撰写，学生、家长被动阅读，转变为双向、多向交流，由静态的固定判断变为动态商议对话；第三，教育成长，它是引导学生发现自己，教育自己，进而发展自己的一种很好的方式。

基于以上认识，教师们应该明确以下问题：我写给谁看？目的是什么？问题在哪里？应该怎样写？到底写什么？怎样呈现好？

教师可以通过正反两个方面的案例来分辨明白，比如"我写给谁看"，有的案例一开始就是"该生作业能够按时完成，书写认真，团结同学，热爱集体，积极参加集体活动和劳动……"一个"该生"就把学生和教师之间的距离拉得很远，笼统的、模式化的百搭语言，让人望而生厌，这个不是写给孩子看的，而是写给档案管理员看的。有的案例用第二人称"你"，一下子就拉近了学生和教师的距离，像是师生之间促膝谈心似的。

目的是什么？毫无疑问，评语的根本目的就是促进学生发展。

当下，学校教师写评语的问题在哪里？公式化，德智体美，优缺希望；脸谱化，千人一面，没有个性；公文化，语气冷漠，距离很大；极端化，冷嘲热讽，一贬到底。

应该怎么写？应该面对学生，如同促膝谈心；应该针对个性，写入内心世界；应该发挥语言魅力，激励感染学生。

必须提出的是，评语应该是绝对真实的，我反对庸俗地讨好学生，反对无原则地吹捧学生。学生知识有错误的，予以纠正；学生认识有偏差的，应该指出；学生心理有问题的，加以疏导；学生行为有缺憾的，必须引导。

到底写什么？可以写细节，在平常的日子里，教师如果留心关注每一名学生，写评语时你就会在脑海中电影画面般地呈现出学生的细节：那些细细小小的事情，那些微波荡漾的情绪，那一张张生动精彩的脸；还可以写表情，可以写兴趣，可以写性格，可以写平常事。凡能够打动学生，促动学生内心的，都可以写，在细节当中体现教育，体现关爱，体现思想。

教师们掌握了方法之后，都能写出十分可爱的评语。以下是深圳明德实验学校老师所写的几个案例，阅读充满感情的评语，能感受到他们滚烫的心。

案例一：斐然同学，人生的起步有先后，过程更重要。短短的一个学期中，所有老师见证着你一点一滴的进步，老师们都感到非常欣慰。还记得刚开学的时候，你不会握笔，写字的时候小手发抖，额头冒汗，时常会感到焦虑不安。但是你没有放弃，课堂上你越来越懂得倾听，懂得做事情要有耐心，懂得想发言之前要有礼貌地举手。在这个过程中，认真、不放弃的个性让你不断地超越自己！加油，相信你将来会"成果斐然"。

案例二：仲豪同学，你的身上一直有一种可贵的品质，就是信任。你发现了吗？对老师的信任，让你在期末考试中取得了巨大的进步；对同学的信任，让你结识了一群可以伴你一生的朋友。珍惜这种信任，他是你一生的财富。

案例三：嗨！阳光帅气的男孩，棋下得不错哦！曾把自称下棋厉害的初中生杀得片甲不留呢！下棋时彬彬有礼，做操时规范有力，读书时一丝不苟，写字时专心致志……安静的你是那么帅气！你喜欢数学，常常找老师要那些稀奇古怪的数学问题，你思考时的样子特别帅。你思维开阔，课堂上常常在不经意间蹦出智慧的火花，让大家刮目相看。

案例四：你是一个乖巧又勇敢的孩子。那次风吹门把你的手夹住了，四个手指被夹得通红，老师看着多心疼啊，你却没有掉一滴泪。排队时，你是我们班站得最笔直的小"士兵"。

怎样呈现好？深圳明德实验学校的老师不是写好之后简单地发给学生，而是开动脑筋，学习借鉴，用各种有益的传播方式，比如有的老师把拟出的评语逐一编号，并通过多媒体课件公示于众，但不出示评价对象，让大伙儿猜猜他（她）是谁，同学们的猜测过程就是对这个同学认可和褒奖的过程。老师还会征求学生的意见，如果学生觉得老师的评语不够周详，可以补充；如果觉得哪一句话不够妥帖，学生也可以讨论修改。有的老师把评语写成颁奖词，并致"颁奖词"，受表扬者"闪亮登场"。有的老师用照片制成证书样式，正面是学生参加某项活动的留影或全班福，反面写上学生获得的荣誉和评语。明德老师给孩子们所写的评语，几乎篇篇都是用心铸就的，给学生留下了难以忘怀的印象。

教师的能力在其教育教学活动中要充分体现出来，并影响学生，让我们再把目光投向德国历史上的两位杰出的人物——洪堡兄弟。

小时候，他们的父亲为两个儿子请来的启蒙教师，就是日后成为著名儿童文学家的卡姆佩。这位卡姆佩先生带来了很多还没有发表的童话，赢得了他的两位学生的欢迎与热情。故事里的世界是那么绚丽，一切又是如此的奇妙，使孩子们常常陶醉于老师所描绘的童话王国里。这位老师离去以后也未忘记这两个迷恋童话的学生，还常把自己的新作寄给他们。让卡姆佩先生毕生骄傲的不仅是他的理想终于实现——无数孩子成为他的童话的爱好者；而且，他的这两名学生也各自成就了一番事业。在老师的影响下，弟弟亚历克山大真的去周游列国，看看世界是不是真如故事里所讲的那般奇妙，并最终成为出色的地理学家。哥哥威廉·冯·洪堡这位卓越的教育家，特别强调让学生的思想充分发展，要把培养学生的想象力和创造力作为重要的教育途径，这些显然都是受到了童话启蒙的影响。

新世纪是以知识为主要资源，以知识和技术创新频率不断加快、社会深刻变革为主要特征的时代。教师要为这个时代培养全面发展的、具有创新精神和实践能力的人才，除了应该具有出色的教育能力、杰出的教学能力、卓越的评价能力，还应具备以下几种能力：

第一是终身学习的能力。随着知识经济时代的到来，知识更新周期日益加速。面对教育和专业知识的加速老化，教师必须具有终身学习的能力，才能不断更新思想、观念，掌握新的信息和教育技术，才能不断更新自己的知识、能力或素质结构，才能适应不断变化的教育、社会和时代，才能不断创新教育以满足人和社会发展的需要。

第二是反思教育的能力。进入新世纪以来，随着社会、经济的急剧变革，教育改革将更加频繁、广泛和深刻，教师将面对各种新的教育思想、资源、模式、过程、手段与方法，因而要求教师不仅要自觉地在情感、意志上不断调适，而且要具备能够分析、讨论、评估和改变其教育思想与教育实践的能力。教育的基本问题不仅是"教什么""怎么教"，更重要的是"为什么教"，因而教师必须思考各种教育行为的社会与个人后果以及伦理背景，给教育以终极关怀。

第三是基于网络资源教育的能力。因特网的飞速发展与广泛应用使教育和学习的数字化生存成为可能。新世纪网络技术将得到更大的发展，网络资源将更加丰富，人类创造的最新资源也将以最快捷最优先的方式上网储存传播。谁不学会基于资源的学习，谁就将成为文盲。而教师则应成为学生基于资源学习的引导者、辅导者、促进者和合作者。

第四是激活创造性的能力。变革和创造将是新世纪人们生存和发展的基本方式。人类发展史表明，人的创造潜力是无限的。如同"芝麻开门"的暗语能打开宝库一样，人的创造潜力必须通过激活才能变为现实的创造力。新世纪的教育必须将学生培养成为会创造之人，使他们通过一个个会创造的头脑和一双双会创造的手，创造出新的生活、新的时代和新的世界，这是教育的根本追求。因此，教师必须具有通过创造性教育培养学生的创造性人格、创新精神和激活学生创造性的能力。

第五是心理辅导的能力。可以预料，随着知识创新的加速和科学技术的突飞猛进，21 世纪的社会竞争将日趋激烈，同时，通过合作共同应对各种严峻的挑战也日益成为必然选择。面对激烈的竞争，人们将承受巨大的心理压力；面向合作，人们又要相互理解和支持。无论竞争与合作都要求人们和谐相处。因此，教师必须具有心理辅导的能力，通过助人自助促进学生心理素质的提高。

第4章

修炼：教师的自我塑造

一、自我认识：人格塑造的必要前提

（一）认识教师人格塑造的内外机制

自我认识首先是认识人格塑造的内外机制。

人格表现为个体与环境相互作用过程中所形成的一种独特的身心组织，即"蕴蓄其内，形之于外"。可以说，人格的主要结构就是人的表里统一体。从现代意义上说，人格塑造强调的是人的整体素质优化。因此，它离不开主体的内在接受机制和外在制约条件。

1. 教师人格塑造的内在接受机制

教师人格塑造作为文化现象，既是一种认识活动，也包含了实践的意义，它的内在机制是一个由接受主体——教师对外来信息进行选择、整合、内化诸环节构成的。

（1）选择机制。选择机制是建立在教师这一主体的思维方式和方法之上的，依据教师自己已有的经验，对外来信息进行筛选识别，而后决定取舍。选择是一个复杂的心理过程，通常包括三个层面：一是价值标准选择。所有信息都得经过主体原有价值标准的过滤，一部分内化为自身的人格因素，一部分被放弃。二是比较选择。教师主体根据自身的要求以及对教育职业的认识，优化思维方法，积累中外文化的精华和比较各种教育职业行为的内容，并使二者有机结合，填补教师人格的空白。三是联想选择。外来信息一旦引起教师自己的兴趣，他们便把现实中许多美好的事物与之联系，并进入认识场与内储信息相融，最终升华为人格。这种升华过程实质上就是教师自身人格塑造的过程，体现了正确的价值观念的导向性，是教师人格塑造的关键所在。

（2）整合机制。整合机制是教师主体凭借思考，对信息进行加工，使之与原有人格结构发生对接的建构过程。它一般呈现三个效应：一是同化效应。当外在的信息与教师原有人格结构中价值观念体系指向一致时，二者发生契合，引起教师原有人格结构的变化。二是顺从效应。外在信息与教师固有的价值观念不能相融，但这种信息潜在的强度使他们冲破经营日久的观念，改革甚至重组教师原有的人格结构，使自身的内化与外塑有机统一起来。三是逆反效应。如果外在信息渗透过多的主观色彩，而不是晓理动情，就很难敲开主体的心灵。可以看出，逆反效应是人格塑造的一大障碍，化解的方法应在人格塑造的深层上去找。

（3）内化机制。内化机制是教师主体通过直接和间接的实践活动，对外在信息进行检验，使之最终内化为自身人格特质的过程。

在人格塑造过程中，角色施加的外在因素，诸如价值观念、行为规范等并不牢固，正确与否不以主体的主观判断为标准，而是以是否符合客观规律和社会规范为标准。因而，教师主体通过塑造所形成的新人格特质必须投放到社会实践中去进行检验，才能使之深化。深化的结果应由主体能动的自我塑造转化为自觉主动的社会行为，即人格的社会化，使教师自身人格经受风雨的洗礼。认识——→实践——→再认识——→再实践，只有这样，才能实现最终意义上的内化和塑造；否则外在信息仅仅停留在认同和描述水平上，而不能将其中精华内化为人格，这种塑造就难以达到真正的目的。

2. 教师人格塑造的外在制约条件

（1）人格认知。满足需要是人类一切认识活动和实践活动的基点。教师人格塑造是一种有目的的认知活动，因此，必然要与一定的需要相联系，没有需要就没有主动的塑造活动的发生。教师人格认知包括：认识理解教育信息对自身人格建设的要求；理解教育中的现代与传统文化的精华，并与个体人格特质相融。人格认知是人格塑造的先导，起着理智地选择心理健康教育信息的作用。它是促进人格形成的基础，是人格塑造的导向性机制。

（2）人格文化。教育是一种文化活动，它以向教师主体心灵播种精神为前提，使精神不断向行为转移。这样，教师主体的人格才得以塑造，并日臻完善。教师人格文化除了包括世界观、人生观外，还包括心理价值趋向。这些特性使得教师人格塑造以及继承和发扬群体的共同人格，如民族精神等方面，均有十分重要的作用。然而问题的关键在于：能否把现代教师最优秀的品质融进自身的人格。

（3）人格环境。遗传和环境是人格形成的两个不可分割的条件。教师人格应该被看作下列诸因素相互作用的结果：主体独特的个性气质；入职后的学校环境影响；对目前所处学校环境的认识；对自我教师职业概念的理解。教师人格根植于教师与学生之间、教师与教师之间、教师与家长之间等各种不同的关系中。教师人格不是在真空中发展的，社会文化、学校环境对教师人格塑造有巨大影响。因此，重视学校文化环境营造就显得十分必要。

人的基因遗传决定一个人的体质和生理特征，而信仰、意志、品质等这些影响人格特质的因素，是由社会文化雕塑的，它们是教师人格素质所特有的理性层面，决定着教师人格的精神风貌。因此，教师自我的人格教育不应当仅仅包容一个受过教育的头脑，还应当包容一颗受过塑造的心灵。

（二）认识当代教师的角色定位

教师角色应被赋予新内涵。美国心理学家林格伦说："角色是建立在我们对自己的期望上面的。这些期望，从另一方面来说，是来自别人对我们期望的主要方面。"因此，教师角色特点体现了社会对教师角色的素质要求和教师对自己承担的任务的自觉意识。

国外社会学家普遍认为，教师在社会变革中所担负的使命及角色起了变化。欧美一些人士认为，未来教师角色应具有人文特质，指导学生过智慧型生活，它不再是传统社会中的只传授知识的严师，也不全是只顾眼前利益的"灵师"，而应该是拓展心灵智慧的"人师"。

林格伦认为，现代教师实际上是担负着多种职责和功能，扮演着许多心理角色的。

这种角色大致可以分成三类。第一是"教学与行政的角色"，其中教员角色最重要，还有模范、社会的代表、课堂管理员、办事员、青年团体工作者、公众的解释者等次要角色。第二是相对地扮演的新角色，即"心理定向的角色"，包括教育心理学家、人的关系的艺术家、社会心理学家、催化剂和心理卫生工作者等角色。第三是"自我表现的角色"，包括社会服务工作者，学习者和学者、家长等形象。林格伦说："近些年角色的着重点和教师扮演方式有了新内容"，"教师扮演许多角色，这些角色相互联系并且相互重叠。有些角色相互补充，而有一些又彼此矛盾"。

在教师角色理论的研究中，近二三十年来，国外学者在对教师"心理定向角色"有了新的认识。按传统的看法，教师的智力、知识水平与其教学效果密切相关。

然而，莫斯和怀尔德，巴尔和琼斯等研究表明，在教师具备一定的智力和学历后，其智商同教学效果相关极低，知识水平与学生学习成绩相关微弱。西方研究者希勒及其同事的许多研究指出，达到了必要的智力和知识水平后，对教学效果有重要的因素，是思维的条理性、逻辑性、口头表达能力、组织教学能力等。西方学者进一步证明，在具备了教学能力后，教师的人格因素是对学生学习和成长有重大影响的要素或"变量"。勒温等人的实验和罗森塔尔的"皮格马利翁效应"的实验表明，教师作风民主、态度热忱、关心帮助学生、期待学生进步等良好的人格特征，对学生的成长有积极作用。

国外这些教师角色的研究成果启示我们：教师角色应赋予新内涵。每个教师只有自觉地意识到社会需要自己扮演全面关心学生成长的角色，并注意培养那种育人所必备的优良的心理品质和人格因素，才能成为一个深受欢迎的人民教师，才能提高教学效果。

美国加利福尼亚州教师丽贝卡·米沃基获得了 2012 年美国"国家年度教师"奖——美国 320 万幼儿园和中小学教师中历史最悠久的全国最高荣誉。

有着 15 年教龄的丽贝卡，展现给中国教师的不是什么高深的教育理论或者新奇的教育思想。正如她所说，"上好每一节课，留好每一次作业，把握住每一个教育契机的动力，这些素质是任何一个优秀教师都应该具备的"。

"还有一个男孩，拒绝做我的任何作业，我发现他家离学校很近，于是我就跟着他一路回家，发现他半路上就把作业纸扔了。于是，我把一份新作业悄悄放在他家的信箱里。他回家一看，吓了一跳：'作业怎么会在这里呢？难道老师跟着我回家了？'没错，我就是跟着他回家了。"丽贝卡对学生的"恶作剧"让在场的中国老师会心一笑，也体味到一位尽职尽责的美国老师怎样工作——"我绝不允许我的学生上完学什么都没学会"。

"其实学习没有捷径可走，无论用哪种方法，最终都会面对复杂的学习任务。作为老师，我们能做的就是用笑声、激情、技巧、紧迫感和爱，去实现这一切。"

"当好老师，除了付出，没有捷径。对工作的无限热情，对学生潜力的无限信任，对每天工作取得一点进步的强烈渴望，还有对每天来到教室中这些具有特殊才能和天赋的孩子们的欣赏，这些正是全美国乃至全世界优秀教师身上表现出的共同特点。"

教师角色应被赋予新内涵，要改变过去那种认为教师就是社会的代言人，就是一本正经的传道授业解惑的人的想法。现代教师不仅应该成为"严师""灵师"，更重要的是要努力使自己成为"人师"。也就是说，教师不能只是用自己的社会角色来压抑自己的个性意识，不能扮演一个无个性的、一般化的"教师"。无个性的教师则表现为一种非自然的做作，他们只与一定的社会地位相联系，不以他自己的个性特征为转移，教育工作与他的日常生活如同两个割裂的世界，互不相通。由于他在学生面前是讲一些冠冕堂皇、并非发自内心的话，所以，工作在合规范、合逻辑中呈现出无生命意识，也就无意蕴，无魅力。教师的社会角色意识太强也会让学生形成一种偏执的观念，即教师是标准的完人形象，教师是没有错误的，没有内心矛盾，没有喜怒哀乐的圣人，这样的教师形象并不是合乎人性形象的，它在师生之间无形中划出了一道无法逾越、不可沟通的鸿沟。教师要向人还原，教师既是一种社会角色，也应该有他的个性。教育不是教师为谋生去表演，它就是教师的生活本身。压抑个性、默默无闻地承受自我异化，可能使教育成为一项让人同情，令人敬而远之的"高尚"职业；只有在承担社会角色的同时，充分地张扬个性，肯定自我，才能使教育成为一件让人幸福、令人羡慕的职业。作为一种职业，教育无疑有它的社会规范和要求，但这种规范和要求如果停留在教师的意识层面，它只是以学问的形式存在，于是便表现为失去个性的角色自我；如果进入教师的无意识层面，它便以教养的形式存在，于是便表现为个性自我。对个性自我的凸现并不必然排斥教师的社会角色，它要求教师把自己的社会角色审美化、个性化、感性化、情感化，把它沉入个性层次，使规范、要求变成生命体验的一部分。教育的个性化因而也是教师自身的社会化，这样教师自身的人格就会充满魅力，他们的教育活动往往也会成为最具有个性魅力的艺术。

（三）认识当代教师的具体要求

美国教师教育改革提出了原则性要求，其中一项重要原则就是教师实现的教学是为了理解的教与学。这里所讲的理解首先是指对知识、对文化的理解。学校教育应让学生了解人类的发展历史，并创造性地建构新的知识。对知识的理解不仅是熟知各个知识点，真正的理解是对知识产生过程的了解。知识是前人经过无数次的反复实验、论证才得到的，教学有必要将这一过程告知学生，而不是教给他们孤立的知识点。除了对已有知识的理解，教学的目的还在于创造新的知识，在先人的基础上开创未来是人类基本的生存方式。同时，教师必须明白，理解的教学不可在沉闷的课堂中实现，学习是一个积极的行为，任何学科的知识是通过有目的的、积极的方式去获取的。消极接受的知识是无意义的。教师必须能够创造出积极学习的环境，通过对话、讨论、实验等形式，与学生沟通，激发他们的学习兴趣。理解的第二个含义是对各种不同观点的理解。现代认知心理学认为，人是知识的建构者，情境使人对事物产生不同的意义。从这个意义上来说，教师必须理解学生，尊重学生对知识和环境的理解。概括起来说，理解有以下几个要素：①学习的主要动机是学生自己的意愿，教学不是将知识强行灌输到学生大脑中，教学的基础是学生的学习兴趣。新的知识的获得还需要利用学生原有的知识作为基础，教学是让学生在原有知识水平上有所提高。②学科的"基本要素"不仅包括知识，还包括概念及它们之间的关系，仅仅通过堆砌"基本知识点"并不能达到思维的高水平。③每名学生能够因为自己的经验和理解在课堂中得到重视，学生能够体会到参与课堂讨论的重要性，教师应鼓励每名学生发言，表达自己的思想。④学校教育不可能将所有的知识都教给学生，教学的目的主要是培养学生对知识的渴求意识，激发学生终身学习的兴趣，为学生进行终身学习做好知识和能力上的准备。

新时期的教师应该能够进行研究，成为研究型教师或反思型教师。传统的教师只是一个技术人员，是用别人设计好的课程达到别人设计好的目标的知识传授者，而反思型教师不仅具有课堂教学知识、技巧与技能，还具有对自己的教学方法、教育内容进行反思、研究、改进的能力，以及对教育的社会价值、个人价值等更广阔的教育问题的探究、处理能力。专家认为，教师地位的提高和教学专业化的实现最终都要依靠教学为他们本专业的发展做出贡献。比如，教师的教学和研究成果将成为教学专业的知识宝库，教师与大学或学术研究机构保持学术交流和互相学习的关系，从而成为批判性的、反思性的实践者，成为建构本专业知识的人员，这些都会直接提升教师的地位，促进教学的专业化。

二、自我调整：人格塑造的基本途径

（一）树立人格榜样，认同教师人格

教师的人格是教育工作中的一切。崇高的教师人格，对于学生的心灵来说，是任何东西都不能代替的、有益于发展的阳光。古今中外优秀的教育家以自己的模范品行为我们树立了教师人格榜样，是我们教师人格的宝贵资源。中国伟大的教育家孔子，是最早把率先垂范、为人师表作为教师人格的人。孔子说："君子耻其言而过其行。"又说："子师以正，孰敢不正？"因此他指出："其身正，不令而行；其身不正，虽令不从。"他甚至主张"无言"之教。

孔子不但大力倡导教师要为人师表，还注重躬行实践，用自己的实际行动来教育学生。例如，他教育学生要"学而不厌"，他自己就潜心读《易》，韦编三绝。孔子主张教师要加强德行修养，他自己就身体力行，努力使自己的言行合于"礼"而"不逾矩"。后人称颂他为"万世师表"。在我国现代教育史上，陶行知先生为我们树立了教师人格榜样。在南京晓庄师范学校任教时，为了让学生毕业后能尽心为农民服务，身为"洋博士"的陶行知经常脱掉长袍，穿上草鞋，和师生一起开荒种地，担水挑粪，以身示范，培养学生热爱劳动、热爱劳动人民的情怀。在重庆育才学校任教时，他教育学生要以天下为己任，跟着共产党，为创造幸福自由的新中国而奋斗。他以自己的模范行为和革命精神影响和教育了广大学生，为中国造就了一大批优秀战士。苏联著名教育家苏霍姆林斯基也是我们的榜样，他长期从事中小学教育的实践和理论研究，做出非凡的成就。苏霍姆林斯基认为，教师只有成为精神生活极其丰富的榜样，才能承担起教育学生的职责。他说："教师个人的榜样——这首先是指他的信念的力量，他对科学的热爱，以及他的道德面貌。""教师要成为学生知识的源泉，就要永远处在一种丰富的、有意义的、多方面的精神生活中。"[1] 他是这样说的，也是这样实践的。他始终按照自己的教育思想来要求自己，完善自己，使自身成为这种教育思想的具体体现者。教师想把学生培养成什么样的人，教师自己就应该成为这样的人。教师对学生的教育作用要通过自身的形象、人格魅力对学生的感染、熏陶、感化中反映出来。"智慧要靠智慧来培养，良心要靠良心来熏陶，对祖国的忠诚要靠真正的为祖国服务来培养。""这里起决定作用的是：学生从我们身上看到什么样的人。""无论什么也比不上一位聪明的、智力丰富的、诲人不倦的教师，使学生感到赞叹和具有吸引力，以那样强大的力量激发他们上进的力量。"[2] 为此，教师要热爱、关心、信任学生，要具备广博丰富的知识，良好的教育教学素养，高超的语言修养，感受创造美的能力，从事实际活动的特长等素质。

---

[1] 苏霍姆林斯基. 给教师的建议 [M]. 北京：教育科学出版社，1981.
[2] 苏霍姆林斯基. 给教师的建议 [M]. 北京：教育科学出版社，1981.

这些方面苏霍姆林斯基无疑都是我们的榜样，他以高尚的人格魅力影响了一代又一代的教师。在深入进行教育改革的今天，我们身边涌现出许多优秀教师，他们同样是我们师范院校学生学习教师人格的榜样，认同教师人格的楷模。

（二）培养评价能力，发挥人格影响

这是在形成教师人格的正确认识之后，教师人格发展的必由之路。运用教师人格的优秀范例同社会生活和自己教育活动中的实例做比较，让学生学会辩证分析，弄清什么是高尚，什么是卑下。通过比较分析，学生能够克服负面人格的消极影响，逐步发展独立的教师人格评价能力。教师的言、行、情、态等渗透着人格精神，是最直接、最经常地影响着师范生的人格教育因素，要以优秀教师的人格品位影响师范学生。

教师人格的评价标准是非常高的。首先是"真诚"。教育学生不是演戏，绝对不能搞"两重人格"。只有真正发自内心、表里一致、言行统一的美好品德，才能在学生身上产生潜移默化的作用，使他们受到教育、感染和熏陶，引起他们的共鸣和仿效。其次是"严格"。学生对教师特有的期望和依赖，往往使他们在观察教师的同时产生一种"放大效应"：教师的一件小小善举，会使他们感到无比的欣喜；教师的一点小小瑕疵，则会使他们产生莫大的失望。教师的一举一动都处在最严格的监督之下。再次是"全面"。教师人格是一种健康、美好、完整、和谐的整体性人格。要想成为优秀的人，我们应当尽量避免德与才的分离，言与行的相悖，大节谨慎而小节不拘，聪敏过人而举止轻浮，等等。

（三）开展人格实践，完善教师人格

教师人格是在教育实践中不断形成、深化的。这就是把教师人格认识、教师人格评价与教师人格行为统一起来，把理论认识转化为实际活动，在教育实践活动中深化教师人格认识。苏联学者彼德·安德列认为："人格是一种社会的创造，自我是通过人的心理与社会的合作塑造成的。"社会心理学把在特定的社会与文化环境中，个体形成适应于该社会与文化的人格，掌握该社会所公认的行为方式，叫作社会化。事实上，个体的社会化是一个过程，是经过个体与社会环境的相互作用而实现的，它是一个逐步内化的过程。一方面，教师人格的形成，在于教师个人意识与社会意识的相互渗透和影响。另一方面，教师人格的形成，还在于现实生活中社会和教育实践不断地给予教师各种刺激，使教师不断受到社会的制约，从而做出各种反应，久而久之，这些反应就发展成为比较稳定的习惯传统，形成并深化教师人格。教师的高尚人格，不仅应当反映在内在的精神境界上，而且应当体现在外在的言谈举止上。学校生活是一种控制条件下的实践活动，要积极搞好学校人格情景的创设，完善学校人格实践条件，注意教师的人格表现，注重仪表整洁，举止端庄，讲究语言规范，礼仪文明，矫正其人格行为，逐步提高其人格品位，努力完善教师人格。

（四）关注日常行为，养成良好习惯

一般来说，教师人格养成的内容主要有几个方面：日常习惯的养成，行为举止和言谈的把握程度。良好的日常习惯是形成良好道德品质的基础。传统文化在日常生活教育中的"礼仪"观念即是对养成良好习惯的要求。健康的生活方式的养成是形成健康价值观和人生观的开端。心理倾向的养成，主要是外向或内向心理倾向的养成问题。一般来讲，外向的心理倾向易于接受新事物，但存在思想观念易于波动变化的问题；内向的心理倾向易于稳定和求同，但存在僵化和不易灵活变通的缺点。良好的心理倾向应当是在二者之间寻求一种"中和"状态。同时，在心理倾向上，还要注意培养教师自我的独立气质和自主能力，并把这种气质能力与遵从社会规范、服从公共权威的"顺从"意识结合起来，而不能一味地认为独立就是好的，顺从就是错的。教师也要培养自身吃苦的精神、面对困难的勇气和战胜挫折的毅力。

有一位年轻教师成长很快，这位教师刚任职时做了一个三年成长规划：在全县中小学教师队伍中，一年成优秀，两年当骨干，三年成名师。她上任

的第一节课就受到学生的热烈欢迎，任教不到两年就在省、市级教学大赛中脱颖而出，成为全省最年轻的优秀教师、市级骨干教师和教坛新星。

这位年轻教师为何成长如此之快？她十分自信地向记者透露：四年大学，她精读了 23 本教育经典名著，写下了 30 多万字的读书笔记；四年大学，她对高中语文教材烂熟于心，并坚持自费订阅 3 份专业杂志，摘抄 12 万字的阅读笔记；大四实习，她不仅认认真真地上好每一节课，还听了不同教师的 214 节课，每次听课后都主动与教师交流学习，还写了三本厚厚的教学随笔、教学心得和教师的谈话记录。

阅读需要比照，一个好的方式是阅读国外的教材，打开自己的视野。美国的 FOSS 科学教材就很有特色，美国科学教材与我们的最大区别是它们在中小学阶段并不注重学科知识的完整性，没有教给学生太多知识，而是在科学学科领域里寻找一些具有典型意义的主题（big idea），以此为载体引导学生开展从问题聚焦、信息搜集、证据分析、结论提出的全过程探究学习。为了让这种探究过程真实地在每名学生的学习中发生，他们精心设计了一系列的教学用表。FOSS 教材提供的教学用表包括：学生课堂记录用表（每单元 16—24 种），反馈表（随堂练习题及评价标准，每单元 16—24 种），家长信（每单元一封），本周教学难题表和家校联络表，教师随机观察记录表，单元测试题，期末学业评价表。原来他们是用这一系列标准化表单控制教材教学过程的有效展开的。对照他们的教材，我们就容易发现国内教材的问题所在，就可以进行相应的课程改革。

教师应该养成一种不断自我反思的习惯，华东师范大学崔允漷教授曾说："不会反思的人其实不是人，偶尔反思的人不过是凡人，持续反思的人应该是专业人士，持续反思一个问题的人可以成为专家。"反思可以在结束之时，比如一节课上完了可以反思，一次谈话结束了可以反思，一次活动做完了可以反思，一门课程上完了可以反思，一个学期下来了可以反思，一个班级带完了可以反思。反思也可以在进行过程中，一门课程开设的过程中，一个学期的进行中都可以反思。反思既需要检查自我的行为，更应该寻找参照对象进行比照反思。反思习惯的养成能够砥砺教师的人格。

教师应该重视人际习惯的养成。人际习惯不是指一般意义上的人际关系，而是指作为人格的一种表现，是人在人际关系方面养成的天然性趋向，也就是不加人为力量而表露出的一种内在人际自然力。人际习惯一般可分为和谐习性，如善于协调、宽容、忍让、妥协、合作等等，和对抗习性，如争夺、竞赛、苛求、攻击、分裂、争斗、孤立、自我封闭等等两种。这两种习性对于养成人的道德行为和思想意识关系极大。一般情况下，应当以教育和养成人的和谐习性作为教师自我人格培养的目标，应当消除对抗习性，对抗只能作为一种权宜性人际关系或工作手段，而不应当成为一种人格习性。否则，教师无法调整好与学生的关系，与家长的关系。教师应消除自我中心主义倾向，努力使自己达到做一个纯粹的人、高尚的人、奉献的人的境界。

（五）创造适宜环境，造就健康人格

人们的活动总是在一定的环境中进行的，环境是支持与影响人的活动的外部条件，教师的活动也不例外。而教师所处的环境又可大致分为宏观环境和微观环境。宏观环境指社会环境，微观环境则指学校环境。社会环境是指学校以外的，影响教师在校活动的一切条件和因素的总和。具体包括来自家庭、社区、社会生产力发展水平及政治制度、国家的教育制度与有关的法律法规和大众传播媒介等。这些社会环境尽管存在于学校之外，却无时无刻不在影响着教师的活动。我们要完善各种制度体系，建立合理有序的社会环境，消除由于环境的巨变所带来的人格冲突，这是塑造教师人格的客观条件。我们要改善教师的工作和生活的物质条件，并为教师创设良好的尊师重教的精神环境，使教师职业成为人人仰慕，人人愿意为之奉献的职业。学校环境包括教师直接参与其中并能体验到的物质环境和心理环境，我们应该让每位教师明确自己的责任，努力把责任转化为教师的日常行为，并要求教职员工彰显自己的人格修养。教师人格魅力的形成，既是外部环境影响塑造的过程，更是教师自我教育修炼的过程，要注重教师的自我唤起、自我反省、自我养成，教师的人格定会在为人师表的教育实践过程中得到完善和升华。

参考文献

1. 于漪. 现代教师学概论 [M]. 上海：上海教育出版社，1999.

2. 陈永明. 现代教师论 [M]. 上海：上海教育出版社，1999.

3. 叶圣陶. 如果我当教师 [M]. 杨斌选编. 北京：教育科学出版社，2012.

4. 李茂. 彼岸的教育 [M]. 上海：华东师范大学出版社，2006.

5. ［美］尼托. 我们为什么做教师 [M]. 郑明莉，译. 上海：华东师范大学出版社，2008.

6. ［美］舒尔茨. 教育的感情世界 [M]. 赵鑫，等译. 上海：华东师范大学出版社，2010.

7. ［美］David Hopkins. 让每一所学校成为杰出的学校 [M]. 鲍道宏，译. 上海：华东师范大学出版社，2010.

8. ［美］琼·温克. 批判教育学：来自真实世界的笔记 [M]. 路旦俊，译. 长沙：湖南教育出版社，2008.

9. ［美］帕克·帕尔默. 教学勇气：漫步教师心灵 [M]. 上海：华东师范大学出版社，2005.

10. ［美］亨利 A. 吉鲁. 教师作为知识分子 [M]. 朱红文，译. 北京：教育科学出版社，2008.

11. ［美］古德莱得. 一个称作学校的地方 [M]. 苏智欣，等译. 上海：华东师范大学出版社，2007.

12. 杨鑫辉. 现代大教育观 [M]. 南昌：江西教育出版社，1990.

13. 许金声. 走向人格新大陆 [M]. 北京：工人出版社，1988.

14. ［瑞士］荣格. 怎样完善你的个性 ［M］. 刘光彩，译. 北京：中国国际广播出版社，1989.

15. ［美］赫根汉. 人格心理学 ［M］. 何瑾，冯增俊，译. 北京：作家出版社，1988.

16. 桑新民，陈建翔. 教育哲学对话 ［M］. 石家庄：河北教育出版社，1996.

17. 张栩轮，钱振勤. 教学美学 ［M］. 南京：江苏教育出版社，1998.

18. 朱永新. 我的教育理想 ［M］. 南京：南京师范大学出版社，2000.

19. 李镇西. 爱心与教育 ［M］. 成都：四川少年儿童出版社，1998.

20. 何齐宗. 教育美学 ［M］. 重庆：重庆出版社，1995.

21. 江家齐，吴紫彦. 教师的新形象 ［M］. 广州：广东教育出版社，1993.

22. 上海市教育委员会. 今天我们怎样做老师 ［M］. 上海：上海教育出版社，2000.